Werken met Asperger

Werken
met
Asperger

Tips & tools voor mensen met Asperger,
collega's en werkgevers

Rudy Simone

Met een voorwoord van Temple Grandin

Voor mijn dochter Lena, die geduldig toekeek terwijl ik alles uitvogelde

Vertaling: Marie-Christine Ruijs, Amsterdam
Vormgeving omslag: Studio Jan de Boer, Amsterdam
Vormgeving binnenwerk: Paul Boyer, Amsterdam
Grafische productie: Graficonnect, Son

ISBN 978-90-79729-57-9
NUR 770

www.hogrefe.nl

Inhoud

Voorwoord

Dankzij mijn carrière heb ik een interessant leven, een leven waarin ik mijn verstand kan gebruiken om werk te doen waar andere mensen waardering voor hebben. Mensen uit het autismespectrum kunnen uiteenlopende banen hebben, van zeer technisch tot creatief tot data-invoerfuncties. Omdat ik sociaal onhandig was, overtuigde ik grote bedrijven ervan dat ze me moesten inhuren om installaties voor vee te ontwerpen door een portfolio met tekeningen en foto's van voltooide projecten te laten zien. Mensen vonden me vaak vreemd maar zodra ze mijn tekeningen zagen, zeiden ze: 'Wauw, heb jij die getekend?' En daarna namen ze me in dienst.

Ik koos voor een zelfstandige loopbaan en werkte de eerste twintig jaar als ontwerper. Omdat ik freelancer was, bleven veel lastige sociale situaties me bespaard. Ik ging naar de klant, ontwierp het project en was een paar dagen of weken later weer weg. Tekenen en ontwerpen deed ik in een rustige werkruimte thuis. Toen ik begin veertig was, kreeg ik een deeltijdaanstelling als professor aan de Colorado State University. Ik werk daar nog steeds en heb daarnaast ook nog mijn freelance opdrachten.

Ik heb echt geboft dat ik een bloeiende carrière heb kunnen opbouwen, maar dat is niet vanzelf gegaan. Ik had veel leraren en mentoren die me hielpen om het succes te vinden. Zo geloof ik ook dat dit boek mensen uit het autismespectrum kan helpen om boeiend werk te vinden dat aansluit op hun persoonlijke behoeften en talenten. Het kan leerkrachten en familieleden van mensen uit het autismespectrum helpen om hen te steunen wanneer ze beginnen te werken. Veel zaken die in dit boek worden besproken had ik graag geweten toen ik jong was. Hieronder staan mijn adviezen voor mensen met Asperger op basis van mijn eigen ervaringen, ter aanvulling en completering van de inzichtelijke ideeën en strategieën van Rudy Simone.

1. Maak gebruik van je talenten

Voor mijn werk gebruikte ik mijn visuele manier van denken, iets waar ik goed in was. Als beelddenker kan ik apparaten driedimensionaal in mijn hoofd testen zoals ze in de werkelijkheid zouden functioneren, als een computer dus. Andere mensen hebben weer andere talenten. Uit de honderden gesprekken die ik met mensen uit het spectrum heb gevoerd heb ik geleerd dat hun talenten vaak in drie basistypen uiteenvallen, ze zijn: 1) beelddenkers, 2) patroondenkers (muzikale en wiskundige geesten), of 3) woord-detaildenkers. Beelddenkers zijn geschikt voor bijvoorbeeld grafisch ontwerpen, computeranimaties, architectuur, werken met dieren en industrieel ontwerpen. Patroondenkers zijn vaak goed in programmeren, wiskunde en statistiek. Woord-detaildenkers kunnen weer uitblinken in technisch schrijven, journalistiek, archiveren en de verkoop van specialistische producten. Ik ken verschillende mensen met Asperger die verkoper zijn en gewaardeerd worden om hun uitgebreide kennis van de producten. Je vraagt je misschien af hoe iemand met Asperger iets kan verkopen als hij of zij geen sterke sociale vaardigheden heeft. Welnu, zakelijke uitwisselingen zijn vaak heel anders dan sociale; er is vaak een script voor, zoals bij een toneelstuk. Zo was ik erg goed in het verkopen van advertentieruimte in een tijdschrift voor veehouders, nadat ik eenmaal over de eerste schroom heen was. Ik heb zelfs in een winkel 'gewerkt'. Ik zat mijn boek te signeren in een boekhandel toen er zich een zeldzame gelegenheid voordeed. Omdat er niemand naar mijn tafel kwam, begon ik door de winkel te lopen en boeken te verkopen. Ik benaderde stelletjes en gezinnen en verkocht uiteindelijk vijfenzestig ingebonden boeken in zes uur. Ik had nog nooit eerder in een winkel gewerkt, maar ik merkte dat ik er best goed in was. Onderschat dus nooit waartoe je in staat bent.

2. Schep randvoorwaarden

Ik koos ervoor om niet tegen klanten te zeggen dat ik autisme had, maar ik stelde wel bepaalde eisen waardoor het gemakkelijker voor me werd (en in sommige gevallen mogelijk) om mijn werk te doen. Om fouten en miscommunicatie te voorkomen vroeg ik altijd zeer expliciete instructies zodat ik precies wist wat er van me werd verwacht. Soms was dat lastig. Ik wilde niet zoveel vragen dat de klant het gevoel kreeg dat hij het ontwerp zelf aan het uitdenken was, maar ik moest wel precies weten hoe de te ontwerpen apparatuur behoorde te functioneren. Zo had ik een keer een klant die een installatie wilde die tweehonderd stuks vee per uur zou aankunnen, terwijl er voor de bediening steeds maar drie mensen beschikbaar waren. Dat bleek niet uit de instructies van die klant; er stond alleen in dat de installatie 'arbeidsextensief' moest zijn. Dat was te vaag! Zorg dus dat je aan je leidinggevenden en/of klanten vraagt dat ze je precies vertellen wat ze willen. Ik vond het ook moeilijk om lange, uitgebreide instructies te onthouden. Tijdens vergaderingen maakte ik aantekeningen zodat ik een gedetailleerde beschrijving van het project op papier had. Of je deze problemen nu herkent of niet, het is een goed idee om heldere instructies op papier te krijgen zodat je iets concreets hebt om je in de loop van het project op te kunnen richten. Hiermee kun je voorkomen dat je baas of klant ontevreden over je is.

Voor iemand met Asperger die in een kantoor, fabriek of winkel werkt, is de grootste hindernis soms zijn of haar sensorische gevoeligheid. Sommigen kunnen niet tegen het geflikker van tl-buizen; voor hen voelt het alsof ze in een disco staan met stroboscooplampen. Anderen kunnen maar weinig achtergrondgeluiden verdragen wanneer ze aan het werk zijn. In dit boek staan veel nuttige tips om je daartegen te wapenen. Het stuk over kantoortuinen past helemaal in mijn straatje. Ik had mijn ontwerpen nooit in een rumoerige open ruimte kunnen tekenen. Zoals de meeste mensen uit het spectrum werk ik het best op een rustige plek. Sensorische gevoeligheid kan extreem variëren, het is dus belangrijk een zintuiglijke omgeving te vinden of maken die aan je behoeften voldoet.

3. Vermijd jaloezie

Een van de ergste problemen die ik ondervond, was de jaloezie van mijn collega's. Een keer was ik door de directeur ingehuurd voor het ontwerp en de installatie van een apparaat. De ingenieur van het bedrijf had het gevoel dat ik zijn territorium was binnengedrongen, dus begon hij over me te 'vuilbekken' bij de andere managers. In een ander bedrijf werd mijn installatie moedwillig beschadigd door andere werknemers. Ik heb zelfs ooit over een geval gehoord waarbij een jaloerse collega pornografisch materiaal op de computer van een medewerker met Asperger installeerde in de hoop dat de laatste ontslagen zou worden. De jaloerse collega was onzeker over zijn eigen talent en vreesde dat de tekeningen van de werknemer met Asperger 'te goed' waren.

Ik leerde de strijd met jaloezie aan te gaan door jaloerse mensen meer bij mijn projecten te betrekken. Ik vroeg hen om adviezen of gaf complimenten over de installaties die zij hadden gebouwd. Zo kwam ik erachter dat mensen jaloers werden omdat het ontwerpen me zo gemakkelijk afgaat. Meestal was ik heel snel klaar met tekenen, maar om te voorkomen dat iemand jaloers werd, wachtte ik vaak nog een dag of twee, drie voordat ik het ontwerp naar de klant stuurde. Ook al heb je niets verkeerds gedaan, zulke foefjes moet je soms uithalen om te voorkomen dat je problemen krijgt die het succes van je project kunnen ondermijnen.

4. Voorkom problemen op het werk

Tijdens mijn reizen ben ik twee problemen tegengekomen die het werk van iemand met Asperger kunnen ruïneren, ook al oefent diegene dat werk al jaren succesvol uit. De eerste is gek genoeg een promotie. Ik heb verschillende mensen uit het spectrum gesproken die een goede baan hadden op het gebied van bijvoorbeeld tekenen/ontwerpen, sportjournalistiek en onderzoekswetenschap, maar die hun baan kwijtraakten nadat ze een managementfunctie hadden gekregen. Ze konden gewoon niet tegen de druk. Sommige mensen kunnen maar beter zorgen dat ze geen promotie krijgen.

Een andere bron van conflicten kan een wisseling binnen het management zijn. Als een sympathieke leidinggevende wordt vervangen door een minder begripvol persoon kan dat rampzalig zijn voor iemand uit het spectrum. Opeens wordt iemands anders-zijn niet getolereerd, waardoor er snel een zeer onaangename sfeer op de werkvloer ontstaat die pas verdwijnt als de werknemer vertrekt of wordt ontslagen.

Als dat gebeurt of er een andere ongelukkige situatie ontstaat en de persoon om wie het draait zijn of haar baan kwijtraakt, komen er vaak ook nog andere problemen bij kijken, bijvoorbeeld als hij of zij geen back-ups van zijn werk heeft gemaakt. Ik heb verschillende oudere mensen met Asperger gesproken die hun baan kwijtraakten nadat er een reorganisatie binnen het bedrijf had plaatsgevonden, maar die nooit voorbeelden van hun werk hadden bewaard voor hun portfolio. Al hun werk was achtergebleven. Onder hen was een ingenieur die geen enkele tekening had bewaard. Een ander kon op geen enkele manier aantonen dat hij ooit een verkoophandboek had geschreven. Ik heb geleerd dat je, als je jezelf dan niet met woorden kunt verkopen, voorbeelden van je werk aan mogelijke werkgevers moet laten zien. Een goed portfolio kan net als een cv helpen bij het vinden van een baan. Maak kopieën van je beste werk en neem ze mee naar huis (aan elektronische media heb je niets meer zodra ze verouderd zijn). Om geen vertrouwelijkheidsclausule te schenden kun je steeds kleine stukken van je tekeningen of geschreven documenten laten zien. Je portfolio moet er professioneel uitzien en er moeten vier of vijf voorbeelden van je beste werk in zitten. Kies voorbeelden die passen bij de baan waar je naar solliciteert. Als je bijvoorbeeld solliciteert naar een baan als journalist moeten de stukjes die je voor de schoolkrant hebt geschreven ook in je portfolio worden opgenomen. Maar er moeten weer geen artikelen tussen zitten over extreme politieke stromingen, seks of religie. Het is beter voor je werk als je deze onderwerpen erbuiten laat. Zorg dat je een goede portfolio hebt, zelfs wanneer je denkt nog lang hetzelfde werk te blijven doen. Soms gebeuren er dingen waar je geen vat op hebt en daar moet je op voorbereid zijn.

Mocht je deze adviezen nuttig vinden, dan zul je dit boek helemaal geweldig vinden. Het is ontzettend bruikbaar voor mensen met hoogfunctionerend autisme, die dagelijks fulltime op dezelfde werkplek zijn. De stukken over sociale problemen op de werkvloer zijn zeer waardevol. Gedurende mijn loopbaan heb ik voor twintig grote klanten gewerkt en voor meer dan tweehonderd kleinere. Als ik dit boek had gelezen toen ik begin twintig was, waren veel problemen met collega's me bespaard gebleven.

Ik geloof echt dat dit boek mensen uit het autismespectrum kan helpen om het werk te krijgen en te behouden dat ze verdienen. En de hele wereld zal de vruchten plukken van hun passie en vindingrijkheid.

Temple Grandin
Auteur van *Thinking in Pictures, Developing Talents* en *The Way I See It*

Inleiding

Toen ik onderzoek deed voor mijn boek *22 Things a Woman Must Know If She Loves a Man With Asperger's Syndrome* (2009), stuitte ik op een terugkerend thema: de meerderheid van de volwassenen met Asperger die ik sprak, had grote moeite om de kost te verdienen. De meesten waren werkloos of arbeidsongeschikt, sommigen werden nog steeds door hun ouders onderhouden, anderen redden het alleen omdat ze getrouwd waren met iemand met een goed inkomen en een goede zorgverzekering. Velen werkten als zelfstandige, sommigen met succes, maar de meesten in die categorie waren manusjes-van-alles die hun kostje bij elkaar scharrelden met uiteenlopende baantjes. Hun ervaringen vormden een weerspiegeling van die van mezelf; ik dacht altijd dat ik de enige was die, ondanks mijn vele toepasbare talenten, niet in de wereld van de voltijdbanen paste. Dit heeft elk aspect van mijn leven gekleurd en is van negatieve invloed op mijn eigenwaarde, financiën, relaties en gezondheid geweest. Toen ik ontdekte dat zoveel andere mensen dezelfde strijd streden, voelde ik de behoefte om daar iets aan te doen. Ik ging op onderzoek uit en zette alle factoren op een rij die medebepalend waren voor het succes van een werkervaring, zowel voor de werkgever als voor de werknemer met Asperger.

Ik ben tot de conclusie gekomen dat er culturele verschillen bestaan tussen mensen met het syndroom van Asperger en mensen zonder. Die verschillen vallen vooral op in een werkomgeving waar mensen een groot deel van de dag feitelijk gevangen worden gehouden. Denk eens aan de verschillen in communicatiestijlen, lichamelijke behoeften, behoefte aan instructies en supervisie en de kijk op tijdschema's. Voeg daar de persoonlijke sociale angsten en de onafhankelijke inslag van de persoon met

Asperger aan toe en de kans op mislukking wordt nog groter. Toch beschikken mensen met Asperger over een aantal zeer nuttige, relevante en creatieve vaardigheden waar werkgevers behoefte aan hebben. Maar het zijn de werkgevers die mensen in dienst nemen en salaris betalen, en dat is juist waar mensen met Asperger behoefte aan hebben. Aangezien de autistische populatie blijft groeien, zal er een soort compromis moeten worden gesloten. Het zijn al barre tijden, en hoewel mensen met Asperger het nooit breed lijken te hebben, wordt dat alleen nog maar slechter op een krappe arbeidsmarkt. De schatting is dat vijfentachtig procent van de mensen met Asperger geen fulltime baan heeft. Deze situatie zal ernstige gevolgen hebben voor hun gezondheid, hun gevoel van veiligheid, maar ook voor hun familie en leefomgeving.

Dit boek is een hulpmiddel voor werkgevers om met deze steeds grotere groep mensen om te gaan, en voor deze steeds grotere groep mensen om betaald werk te vinden en te behouden. De enige manier om dat te doen is door te weten wat je sterke kanten zijn, en die productief in te zetten. Veel mensen met Asperger realiseren zich niet goed wat hun sterke kanten zijn, omdat ze in hun leven al zo vaak hebben gehoord dat het juist tekortkomingen zijn of er tegenstrijdige dingen over horen. Zo kan iemand je bijvoorbeeld aansporen om hard te werken, en als je dat dan doet, is het weer niet goed vanwege je sociale vaardigheden. Het is ook belangrijk om te leren onderscheiden waar je jezelf tekortdoet.

Werkgevers en bedrijven werken al heel lang volgens vaste patronen. Als gevolg van kostenbesparende maatregelen, of dat nu in de vorm van ontslag is, overvolle kantoortuinen, zuinige tl-buizen in kamers zonder ramen, of het achterwege laten van zorgverzekeringen, is de situatie voor iedereen onzekerder en minder prettig geworden. Door de steeds strengere aannameprocedures en screenings met persoonlijkheidsonderzoeken is er een sfeer ontstaan van conformisme en op-veilig-spelen, waardoor mensen zich beperkt voelen en zij een onvoldaan gevoel krijgen. Dat is al moeilijk voor mensen zonder autismespectrumstoornis, maar nog erger voor mensen met Asperger die sociaal gevoelig zijn, gevoelig voor hun omgeving, en die het moeilijk vinden om binnen de lijntjes te kleuren of binnen de kaders te denken.

In dit boek wordt ingegaan op alle aspecten van werkgelegenheid, want werken gaat niet alleen over het werk zelf. Het gaat over welke kleren je draagt, wat je eet, hoe je omgeving eruitziet, hoe het voelt, hoe je baas zich gedraagt en hoe je door je collega's wordt behandeld. Een baan houdt zoveel meer in dan alleen de inhoudelijke taken. De meeste mensen met Asperger zouden liever gewoon hun werk doen en naar huis gaan, maar zo eenvoudig is het leven niet. Ik wou dat ik kon zeggen dat ik de toverformule had om iedereen een harmonieuze werkervaring te laten hebben, maar mensen zijn nu eenmaal mensen en gedrag is moeilijk af te dwingen, behalve in de meest voor de hand liggende en extreme vormen. De problemen die worden besproken, zijn vaak subtiel maar soms ook geniepig, en ze hebben reële en vaak ernstige gevolgen. Het is belangrijk om de verschillen te erkennen en ons ervan bewust te worden dat deze groep soms groot onrecht ten deel valt, van negeren tot verbaal en lichamelijk geweld op het werk. En vaak knijpt het management dan een oogje toe vanwege de vooroordelen die er nu eenmaal bestaan over mensen die anders zijn.

Syndroom van Asperger: een autismespectrumstoornis

Autisme is geen ziekte; het is een neurologische aandoening die, zoals tegenwoordig algemeen wordt aangenomen, ontstaat als gevolg van genetische en omgevingsfactoren. Er is veel discussie over de precieze oorzaak van autisme, maar één ding is zeker: het aantal mensen met autisme is drastisch gestegen. De Amerikaanse *Centers for Disease Control* hebben onlangs bevestigd dat één op de honderd mensen autisme heeft (CDC, 2009). Minder dan twintig jaar geleden was dat één op de tienduizend! Een klein deel van deze toename is toe te schrijven aan veranderingen in het moment en de manier waarop autisme wordt gediagnosticeerd. Bij deze aantallen gaat het om iedereen uit het autismespectrum, van het ernstiger en meer voor de hand liggende klassieke of laagfunctionerende autisme naar hoogfunctionerend autisme (HFA) en de mildste vorm, die bekendstaat als het syndroom van Asperger (AS).

Afhankelijk van de persoon aan wie je het vraagt, lijkt er weinig verschil te bestaan tussen HFA en Asperger. De meeste mensen zeggen dat het een kwestie van IQ is, en toch heb ik mensen ontmoet die de diagnose HFA hadden gekregen en hoogbegaafd waren. Het diagnosticeren van autisme is geen exacte wetenschap; het vindt voornamelijk plaats aan de hand van symptomen en er is altijd enige mate van subjectiviteit. Terwijl ik dit boek schrijf is er een debat gaande over de vraag of de diagnose Asperger moet worden afgeschaft en of Asperger weer in de categorie van autisme moet vallen. Of dat gebeurt of niet, de omstandigheden, de subcultuur en de problemen van mensen aan het hoogfunctionerende uiteinde van het autismespectrum zullen altijd uniek zijn. Er zal altijd aandacht naar uit moeten gaan. Ook mag niet worden vergeten dat jonge kinderen met autisme, die in de loop van de tijd vooruitgang vertonen dankzij familie, diëten, artsen en ondersteunende therapieën, dan misschien niet meer als autistisch worden aangemerkt maar op zijn minst wel een aantal kenmerken van Asperger zullen houden. Omwille van de eenvoud gebruiken we hier de term Asperger (AS) om iedereen aan het hoogfunctionerende uiteinde van het spectrum mee aan te duiden.

De lezer zal opmerken dat ik in dit boek afwisselend met 'wij', 'je' en 'zij' naar mensen met Asperger verwijs. Ik had het gevoel dat het niet alleen belangrijk is om te illustreren dat ik weet waarover ik schrijf, maar ook dat mijn ervaringen niet precies dezelfde zijn als die van anderen, en dat het onjuist en simplistisch zou zijn om te doen alsof iedereen dezelfde sterke en zwakke punten en dezelfde ervaringen heeft. Er zijn thema's en gelijkenissen, maar ik zou nooit willen pretenderen dat het beeld dat ik schets voor iedereen opgaat. Ik vind het soms beledigend wanneer zelfs de meest goedbedoelende persoon naar ons verwijst met 'zij'. Daar is helaas niets aan te doen, maar ik wil de focus niet op mezelf, en juist op anderen richten.

De criteria voor Asperger zijn te vinden in het *Diagnostic and Statistical Manual of Mental Disorders, 4th Edition* (DSM-IV-TR). Dat zal je alleen niet echt helpen om het in het menselijke perspectief te zien. Mensen met Asperger zijn meestal zeer intelligent. Ze zijn op een of meer gebieden vaak geniaal. Doorgaans voelen ze zich ongemakkelijk bij andere mensen, omdat ze op sociaal contact reageren met de zogenaamde 'vechten-of-vluchten'-respons. Daardoor kunnen ze antisociaal, onvriendelijk of geïntimideerd lijken. Het kost ze vaak moeite om verbaal te communiceren en ze zijn sociaal onhandig. Soms praten ze tegen zichzelf of herhalen ze wat er tegen hen is gezegd. Ze kunnen opeens zeer zwijgzaam en verlegen zijn. Hebben ze het over een onderwerp dat hun belangstelling heeft, dan kunnen ze juist weer honderduit praten en lang ook, omdat ze sociale aanwijzingen niet goed oppikken en niet doorhebben dat niemand geïnteresseerd is. Er zijn ook lichamelijke kenmerken van Asperger, zoals een lage spierspanning, een slechte lichaamshouding en niet goed in staat zijn om oogcontact te maken. De redenen van al die dingen worden in dit boek besproken. Het syndroom van Asperger wordt in het Engels ook wel 'Geek Syndrome' genoemd, al hoeft iemand met Asperger er heus niet altijd als een *geek*, een sukkel, uit te zien. Sommigen zijn soms juist heel cool, aantrekkelijk, artistiek – of ze lijken eigenzinnig of excentriek. Het doet zich bij iedereen weer anders voor en ook tussen de beide sexen zijn er verschillen.

Dr. Barbara Nichols, oprichter van de *Southern Arizona Association of Adult Asperger's*, beschrijft het op een toegankelijke manier:

> Mensen met Asperger willen meestal wel sociaal zijn, maar vinden het bijna ondoenlijk om erachter te komen hoe ze zich in een bepaalde situatie moeten gedragen of hoe ze sociale relaties moeten onderhouden. Ze hebben moeite met het interpreteren en begrijpen van lichaamstaal, gezichtsuitdrukkingen, stemklank of taalgebruik. Het is alsof ze uit een andere cultuur komen en nooit de betekenis van subtiele gebaren en nuances van gesprekken hebben geleerd. Ze begrijpen maar niet hoe je in een sociale setting contact hoort te maken. Ze voelen zich ongemakkelijk als ze zich zomaar in een gesprek moeten mengen en geven aan dat ze er maar niet achter komen hoe ze een bijdrage kunnen leveren aan een gesprek zonder het te verstoren. Aan de bovenstaande opsomming van eigenschappen kun je nog een lange lijst van symptomen toevoegen, zoals angst, depressie, obsessief-compulsieve stoornis, aandachtstekort-hyperactiviteitstoornis, tics en leerproblemen, en dan kom je in de buurt van hoe het is om Asperger te hebben. Ze worstelen met slaap-, eet-, spijsverterings- en zintuiglijke problemen, waardoor het nog moeilijker wordt om aansluiting te vinden bij de sociale omgeving. Bovendien zijn veel van hen, zo niet de meesten,

gepest op school en lijden ze daardoor ook nog eens aan traumagere-lateerde problematiek. Op het werk en op school worden ze heel vaak afgewezen of, erger nog, belachelijk gemaakt. Eenzaamheid is hun lot. Asperger heeft ook zijn voordelen. Mensen met deze stoornis kunnen zich hyperfocussen op een onderwerp en er echt de tanden in zetten. Ze kunnen enorme hoeveelheden informatie opslaan, gemakkelijk vreemde talen leren, het zijn getalenteerde wetenschappers, musici, technici en geschiedkundigen. Aspergers bevinden zich in goed gezelschap. Van mensen als Albert Einstein, Alexander Graham Bell, Thomas Edison en Isaac Newton, om er een paar te noemen, wordt nu beweerd dat ze het syndroom van Asperger hadden. Meer in het recente verleden heeft acteur Dan Aykroyd openbaar gemaakt dat hij de diagnose Asperger heeft gekregen. Wanneer mensen met Asperger eenmaal begrijpen dat ze niet minderwaardig zijn maar juist prettig anders, gaan ze zichzelf en hun bijzondere talenten waarderen. Helaas worden ze nog niet als zodanig gezien door de samenleving. Ze moeten voor zichzelf een plek vinden waar ze kunnen uitblinken en een bijdrage kunnen leveren aan het geheel (2009).

Ondanks deze positieve eigenschappen kost het mensen met Asperger vaak moeite om een baan te krijgen en te behouden. De belangrijkste redenen daarvan zijn:
- tekortschietende sociale vaardigheden;
- moeite met communiceren;
- gevoeligheid voor de omgeving;
- onvermogen om de aangeboren talenten en interesses te benutten.

Op het werk resulteert 'hun onvermogen om zich aan sociale regels aan te passen vaak in spot, agressie of uitsluiting' (Hendrickx, 2009) totdat ze letterlijk worden verjaagd, omdat ze worden ontslagen of omdat iedereen ze mijdt waardoor de situatie ondraaglijk wordt en ze zelf ontslag nemen. Daardoor ziet het cv van iemand met Asperger er vaak uit als een soort lappendeken: een buitensporig aantal banen, lege episodes tussen banen in, of een lange geschiedenis van zelfstandig werk op een of meerdere vakgebieden. Toch kan zo'n cv zowel voor de werkgever als voor de werknemer met Asperger een zegen zijn, omdat je met een bonte geschiedenis vaak ook over een bonte verzameling nuttige vaardigheden beschikt. Een potentiële werkgever moet er niet van uitgaan dat iemand met zo'n cv niet wil werken. Ze vormen waarschijnlijk het hardst werkende segment van de mensheid. De persoon met Asperger heeft misschien:

a. geen diagnose gekregen en onvoldoende kennis van Asperger om te weten wat hij of zij van een werkgever nodig heeft of,

b. geen werkgever getroffen die bereid was te luisteren en de eenvoudige, maar cruciale aanpassingen voor hem of haar te doen.

Dit boek helpt mensen met Asperger te begrijpen en te vragen wat ze nodig hebben, en het toont de werkgever hoe gemakkelijk het is om hen te geven wat ze nodig hebben – veeleer door minder te doen dan meer.

In een periode van zeven maanden zijn voor dit boek meer dan vijftig volwassenen met Asperger geïnterviewd; ze kwamen uit alle hoeken van de vs en landen als Japan, Ierland, Engeland, Frankrijk en Australië. Ze moesten hun werkervaringen in hun eigen woorden beschrijven: hun successen, hun mislukkingen en wat volgens hen nodig is om succes te hebben in hun werk. Hun ervaringen en wensen waren zeer vergelijkbaar, of ze nu amper de middelbare school hadden afgemaakt of postdoctorale opleidingen hadden gedaan, en ongeacht de branche waar ze werkzaam waren. Naast deze ervaringsverhalen is er informatie verzameld uit vele andere bronnen zoals psychologen, onderzoekers op het gebied van autisme, verenigingen voor verstandelijk beperkten, studieadviesorganen aan universiteiten en andere opleidingen, en oprichters van studie- of werk- en studieprogramma's voor mensen met Asperger. Zij hebben gegevens verstrekt over de nieuwste onderzoeken, statistieken, wetten, rechten, programma's en andere wetenswaardigheden met betrekking tot alle aspecten van het syndroom van Asperger, en dan vooral werkgelegenheid. Ik wil ze hierbij allemaal hartelijk bedanken voor hun medewerking. Verder gaat mijn speciale dank uit naar dr. Nichols, die haar expertise zo rijkelijk met me deelde; Roger N. Meyer, die me bij de laatste loodjes zo goed aanmoedigde, en dr. Temple Grandin: haar hart en gevoel voor humor zijn al even groot als haar wijsheid.

HOOFDSTUK 1

Waarom zou je iemand met Asperger in dienst nemen?

De voordelen van het syndroom van Asperger op het werk

Een veelgehoorde vraag is: 'Waarom zou een werkgever iemand in dienst nemen voor wie hij of zij bepaalde dingen moet aanpassen?'

Ten eerste omdat het aantal mensen met een autismespectrumstoornis steeds groter wordt. Voor grote bedrijven of bepaalde bedrijfstakken is het zelfs bijna niet te vermijden dat er ook werknemers met Asperger worden aangenomen. Sommige deskundigen geloven dat het vanwege het groeiend aantal mensen met Asperger nodig is dat bedrijven trainingen aanbieden om werkgevers en werknemers meer te leren over autisme, net zoals er voorlichting wordt gegeven over seksuele intimidatie.

Ten tweede omdat mensen met Asperger ook geld moeten verdienen, en ze bij het vinden en houden van een baan maar weinig hulp krijgen. In de vs en veel andere landen krijg je niet zomaar een uitkering. In de meeste Amerikaanse staten moet je een verstandelijke beperking hebben om ervoor in aanmerking te komen of om deel te kunnen nemen aan programma's voor mensen met een ontwikkelingsachterstand. Er is ook nog maar heel weinig loopbaanondersteuning voor mensen met Asperger en andere autismespectrumstoornissen.

Ten derde, het belangrijkste punt, omdat de talenten en vaardigheden van veel mensen met Asperger die paar aanpassingen ruimschoots goedmaken. De instelling van de werkgever is hierin dus een bepalende factor.

Wat zijn deze talenten, hoe gebruiken we ze en op welke manier werken ze ons soms tegen?

1 **Concentratie en toewijding.** Ons vermogen om ons langdurig op iets te concentreren zonder behoefte aan supervisie of aansporing is legendarisch. We zijn harde werkers. Het nadeel daarvan is dat we ons soms op de verkeerde dingen richten of zo opgaan in iets wat we leuk vinden dat we andere dingen uit het oog verliezen. Als onze passie niet ons beroep is, verzuimen we soms om geld te verdienen.

2 **We halen eer uit ons werk,** ook bij kleine dingen. Dat betekent dat het werk altijd nauwgezet wordt gedaan. Maar nogmaals, als geld geen belangrijke motiverende factor is, doet iemand zijn werk misschien omdat hij het leuk vindt en niet om fatsoenlijk betaald te worden of een salaris te verdienen. En als het werk niet betekenisvol is, zal het enthousiasme ook snel afnemen.

3 **Een wens om te pleasen.** Hoewel dat niet altijd zo lijkt, willen we er graag bij horen. We doen ons uiterste best om goed werk af te leveren en goedkeuring te krijgen.

4 **Een onafhankelijke, unieke manier van denken.** Mensen met Asperger lopen in hun eigen maat. We brengen veel tijd alleen door en ontwikkelen onze eigen, unieke gedachten in plaats van dat we een 'kuddementaliteit' hebben. Op het werk kan het een voordeel zijn dat je een teamspeler bent, maar iemand die de moed heeft om zijn eigen weg te volgen zal eerder vernieuwende en creatieve ideeën hebben.

5 **Een grotere vloeibare intelligentie.** Wetenschappers in Japan hebben ontdekt dat kinderen met Asperger een grotere vloeibare intelligentie hebben dan kinderen zonder autisme (Hayashi et al., 2008). Vloeibare intelligentie is het 'vermogen om nieuwe problemen op te lossen, het vermogen om logische conclusies te trekken en de onderlinge relaties van verschillende concepten te begrijpen, los van de verworven kennis' (Wikipedia, 2009). We hebben echter geen hogere gekristalliseerde intelligentie: het vermogen om verworven kennis en vaardigheden toe te passen. Zie het als zeer intuïtief en intelligent zoals bij een zesde zintuig, in sommige gevallen geniaal, maar wat gezond verstand betreft kunnen we tekortschieten.

**'De baas noemde me de "geniale gek van het bedrijf" en
zei daarna dat hij dat "positief" bedoelde.'**
Lewis, bachelor geschiedenis, 51 jaar, werkloos

6 **Visueel, driedimensionaal denken.** Mensen met Asperger kunnen heel visueel ingesteld zijn in hun manier van denken, wat in een werkomgeving tot allerlei nuttige en creatieve toepassingen kan leiden. Temple Grandin, auteur van *Thinking in Pictures* (1995, 2006), is misschien wel de beroemdste denker op het spectrum. Zij is in staat om grootschalige projecten te visualiseren, om ontwerpen te schetsen en die in haar hoofd te testen voordat ze nog maar gemaakt zijn.

7 **Aandacht voor detail,** soms angstvallig perfectionistisch, en weer wordt het werk goed gedaan. De keerzijde kan zijn dat je langer aan iets wilt werken dan je werkgever of collega's wenselijk vinden.

**'Ik ging veel te veel op in de gesprekken met de klant en schreef
elk detail op. Ik zat heel lang aan de telefoon, maar leverde
daardoor ook wel heel goed werk af.'**
Mia, 40 jaar, werkloos

8 **Eerlijkheid.** Dat je in staat bent om 'de keizer heeft geen kleren aan' te zeggen moet niet worden onderschat, ook al willen mensen het niet horen. Het kan iemand impopulair maken. Soms manifesteert het zich als botte eerlijkheid, een gebrek aan tact of niet stilstaan bij de gevolgen.

9 **Logica gaat boven emotie.** Hoewel mensen met Asperger heel gevoelig kunnen zijn, maken ze in hun hoofd zo vaak 'calculaties' dat ze er heel goed in worden. Problemen oplossen pakken we vaak erg logisch aan. Soms is het natuurlijk nodig om met meer empathie en gevoel op iets te reageren, zelfs in een werkomgeving.

**Wat zijn de positieve eigenschappen van jou
of van je werknemer?**

Benut je ze op dit moment ook?

HOOFDSTUK 2

Het belang van geloven

Over het algemeen hebben mensen geen goed beeld van autisme en nog minder van Asperger. Ze weten niet hoe het zich voordoet of hoe het eruitziet. Mensen zijn geschokt wanneer ze een aantrekkelijk of intelligent persoon horen zeggen dat hij of zij autisme heeft, alsof we steeds tegen onszelf horen te praten of rondjes draaien. Hoewel het bij sommige mensen duidelijker te zien is, zijn er andere bij wie je het weer nauwelijks opmerkt. Mensen die het hebben, kunnen soms korte tijd helemaal niet autistisch lijken en 'normaal' overkomen. Het is voor velen (ook voor mij) uitputtend om zich 'normaal' te gedragen, en we houden het dan ook niet lang vol. Als iemand in die 'normale stand' staat, zou je misschien nooit vermoeden dat hij of zij autisme heeft. En zelfs wanneer we ons 'anders' gedragen, is autisme niet het etiket dat je er onmiddellijk op plakt. Onhandig, lomp, zenuwachtig, verlegen, vreemd, traag, arrogant: dat zijn de etiketten die we vaak opgeplakt krijgen. Soms gedragen, uiten of bewegen we ons ook afwijkend, maar over het algemeen kun je niet aan iemand zien of hij of zij Asperger heeft. Vandaar dat het vaak ook het 'onzichtbare syndroom' wordt genoemd. Af en toe gedragen we ons idiosyncratisch, gedrag dat doorgaans getriggerd wordt door sociale aspecten of iets anders in de omgeving.

Ben je een werkgever, dan heb je misschien iemand aangenomen die indruk op je heeft gemaakt met zijn vaardigheden, zijn cv en zijn eigenschappen, maar over wie je je met het verstrijken van de tijd bent gaan verbazen. Hij gedraagt zich soms vreemd en lijkt niet met mensen om te kunnen gaan. Hij is misschien wel de meest efficiënte of hardst werkende persoon van allemaal, maar soms ook de botste. Hij houdt afstand tot zijn collega's en krijgt daardoor een 'reputatie'. Hoe harder je probeert het met hem over zijn gedrag te hebben of daar vragen over te stellen, hoe afstandelijker en zelfs norser hij kan gaan doen. Op een gegeven moment word je wantrouwig of raak je in de war, je vraagt je af of je tijdens het sollicitatiegesprek om de tuin bent geleid of dat er tegen je is gelogen. Misschien denk je dat hij zijn werk niet leuk vindt. Dat is vaak niet het geval; zijn gedrag wordt veroorzaakt door sociale en omgevingsfactoren, en verderop in dit boek kom je precies te weten wat die factoren zijn.

Mensen met Asperger zijn in twee groepen in te delen als het om sollicitaties en hun eerste indruk gaat. De eerste groep is heel slecht in solliciteren waardoor ze moeilijk aan het werk komen waarvoor ze zijn opgeleid. De tweede groep is er juist heel goed in, maar heeft moeite om de baan te behouden. Bij de laatste groep komt het doordat de sollicitatie een korte prestatie is; het behouden van de baan zal hen zwaarder vallen. Als werkgever ben je misschien helemaal onder de indruk van de sollicitatie van deze werknemer, maar je vraagt je vervolgens af waarom hij in de dagen en weken die erop volgen zo anders is. De meeste mensen met Asperger zullen het eens zijn met de uitspraak 'onbekend maakt onbemind', want met het verstrijken van de tijd gaat hun typische gedrag opvallen en reacties uitlokken bij collega's, variërend van verbijstering en minachting tot vijandigheid. Iemand met Asperger die zich professioneel en fatsoenlijk gedraagt en die een opleiding en een carrière heeft, heeft daarvoor moeten knokken. Het is goed dat ze 'normaal' kunnen lijken, een prestatie, maar het betekent niet dat ze geen Asperger hebben of het niet zwaar hebben. Sommige vooraanstaande onderzoekers op het gebied van Asperger en opleiding zijn zeer intelligente, welbespraakte mensen die zelf Asperger hebben of als kind zelfs de diagnose klassiek autisme hebben gekregen. Langs tal van verschillende wegen zoals observeren, steun van familie, vrienden, therapeuten, organisaties, publicaties, onderzoeken, enzovoort, hebben ze een 'normale' status verworven. Maar dat is niet gemakkelijk geweest en zal waarschijnlijk altijd concentratie, inspanning en alertheid van hen blijven vergen.

'De meeste mensen denken dat een handicap iets is wat je echt kunt zien, iets tastbaars. Helaas valt Asperger niet in die categorie, en ook al weten werkgevers er dan van af, ze hebben maar weinig inzicht in wat het inhoudt, net zoals er jaren geleden ook maar weinig inzicht bestond in dyslexie.'

Sean, 29 jaar, Groot-Brittannië, student filmacademie

Mensen met Asperger maken vaak mee dat iemand tegen hen zegt dat ze niet autistisch lijken, of dat andere mensen het ook moeilijk hebben. A.J. Mahari, die voorlichting geeft over het syndroom van Asperger en in Canada woont, zegt daarover:

> Ik hoor soms van mensen: 'Je ziet er niet uit alsof je Asperger hebt' of 'Het lijkt wel alsof jij het niet zo erg hebt'. Misschien is dat goed, maar soms voelt het ook ontkrachtend, het getuigt van weinig respect voor mijn levenservaringen en waar ik mee te kampen heb... Ik heb er zo hard voor moeten knokken. Je moest eens weten wat ik heb moeten uitdokteren, lezen, leren, studeren, analyseren, verweren, uit elkaar pluizen en op mijn eigen manier weer opnieuw samenstellen; zo ongeveer alles. Ik heb heel hard moeten werken om te kunnen doen wat ik doe (2009).

Pas in 1994 werd Asperger erkend door de *American Psychiatric Association* (en opgenomen in de DSM-IV). Voor die tijd werden mensen met Asperger niet gediagnosticeerd of, erger nog, verkeerd gediagnosticeerd en kregen ze medicijnen als Ritalin voor symptomen die ze niet hadden. Ze zullen niet het begrip, de hulp en de trainingen hebben gehad die jongeren met Asperger nu krijgen. Volwassenen met Asperger hebben zich door het leven moeten slaan en door hun eigen volharding, vernuft en moed moeten leren. Dat alleen toont al over hoeveel kracht, intelligentie, aanpassings- en probleemoplossend vermogen we kunnen beschikken. Volwassenen van alle leeftijden over de hele wereld worden nu pas voor het eerst goed gediagnosticeerd. Een enorme opluchting voor diegenen die zich eindelijk realiseren dat ze niet moeilijk, gek of alleen zijn... maar dat er een naam is voor wat ze hebben.

Wat betreft de diagnose: als iemand niet door een arts is gediagnosticeerd (maar door zichzelf), moet je er niet van uitgaan dat hij of zij het niet heeft geprobeerd:

- In de vs kan het heel duur zijn om je te laten diagnosticeren (tussen de achthonderd en tweeduizend dollar) en worden de kosten zelden vergoed door de verzekering.
- Bijna de helft van de voor dit boek geïnterviewde Amerikanen had überhaupt geen ziektekostenverzekering.
- Een diagnose moet worden gesteld door iemand die, in de woorden van dr. Barbara Nichols, 'uitgebreide kennis van het syndroom heeft, en die het syndroom als een geheel ziet en niet alleen als een verzameling symptomen'. Deze professionals zijn nog steeds schaars.
- Bij volwassenen is het stellen van een diagnose lastig. Tegen de tijd dat iemand volwassen is, zijn de tekenen van Asperger aan de buitenkant meestal minder zichtbaar geworden. En aangezien het voor de diagnose nodig is dat de arts familieleden van de persoon met Asperger ondervraagt, zal het averechts werken als die familieleden zich niets herinneren van of ontkennen wat er tientallen jaren is gebeurd.

Werkgevers, loopbaanadviseurs, familieleden, enzovoort moeten niet aan de diagnose twijfelen. Er zullen beslist mensen zijn die zichzelf de verkeerde diagnose toeschrijven, maar als ze de meeste eigenschappen van Asperger vertonen, zullen ook dezelfde copingmethoden en -strategieën op hen van toepassing zijn. Verder is het van belang dat je niet twijfelt aan de capaciteiten van de persoon met Asperger. Het komt vaak voor dat we verkeerd begrepen worden, dat er aan ons wordt getwijfeld, dat onze positieve eigenschappen niet worden gezien en dat onze 'fouten' ons kwalijk worden genomen.

Tips voor de werknemer
- Vat opmerkingen als 'je lijkt helemaal niet autistisch' op als compliment in plaats van in de verdediging te schieten of je vernederd te voelen. Ze bedoelen eigenlijk dat je bekwaam, sociaal en intelligent overkomt. Als je ervoor kiest om je autisme voor sommige mensen geheim te houden,

dan heb je dit gewild. Als je ervoor uitkomt, neem je de verantwoorde-lijkheid de wereld iets te leren over het syndroom van Asperger.

- Blijf op zoek gaan naar de juiste diagnose als je die nog niet hebt. Houd vol, want je kunt er juridische bescherming en andere voordelen uit slepen.

- Neem het jezelf niet kwalijk dat je autisme hebt en internaliseer het schuldgevoel niet dat anderen op je schuiven omdat je anders bent. Leer gewoon om te gaan met minder positief gedrag.

Tips voor werkgevers en loopbaanadviseurs

- Ook al kan iemand de verkeerde diagnose hebben gekregen of zichzelf de verkeerde diagnose hebben toegeschreven, door het onderzoek dat ik voor dit boek heb gedaan weet ik uit ervaring dat de meeste mensen die beweren dat ze Asperger hebben dat eerst grondig hebben onderzocht en er heel zeker van zijn dat ze in dat profiel passen. Asperger is niet iets wat iemand wil hebben om aandacht te krijgen of er een slaatje uit te slaan. Asperger is zo bepalend is voor wie je bent dat je het eerst moet erkennen om te kunnen verklaren waarom je de dingen doet die je doet. We worden er maar al te vaak van beschuldigd – door vrienden, familie, dierbaren en mensen die ons horen te helpen – dat we Asperger als 'smoes' gebruiken. Maar het is geen excuus, het is een reden.

- Als je werknemer je tijdens het sollicitatiegesprek versteld heeft doen staan maar daarna alleen maar slecht presteert, moet je niet denken dat hij tegen je loog of een verkeerd beeld heeft gegeven van zichzelf en zijn vaardigheden. Onthoud dat de bekwame, zelfverzekerde persoon die je hebt aangenomen erin zit, maar dat hij kleiner wordt of onder-gesneeuwd raakt door sommige omgevings- of sociale aspecten van zijn werk. In de rest van dit boek wordt precies beschreven wat die fac-toren zijn en hoe je ermee kunt omgaan.

**Beschrijf wat Asperger voor je betekent –
wat het is en wat je erbij voelt.**

**Zijn je gedachten vooral negatief of zie je ook
de positieve kanten?**

HOOFDSTUK 3

De grote gevolgen van smalltalk

Een van de eerste dingen die collega's opmerken, nog lang voordat hun bazen dat doen, is dat mensen met Asperger niet goed over koetjes en kalfjes kunnen praten. Tijdens mijn onderzoek voor dit boek bleek ook dat bijna alle respondenten met elkaar gemeen hadden dat ze niet wisten hoe ze gezellig moesten doen op het werk. Sommigen hadden vergeefse pogingen gedaan om een babbeltje te maken en er vervolgens een hekel aan gekregen. Velen waren van mening dat het niet nodig zou moeten zijn om gezellig te doen op het werk, dat het voor het uitvoeren van hun taken overbodig en onnodig was.

Kleine, terloopse gesprekjes zijn om een aantal redenen moeilijk voor iemand met Asperger. Ten eerste zijn we praktisch en hebben we vaak specifieke interesses. Waarom zou je praten over iets wat je niet de moeite waard vindt? Ten tweede zien mensen zonder autisme sociale omgang als bevorderlijk voor het gevoel van veiligheid en zekerheid, terwijl het voor mensen met Asperger juist gevaarlijk voelt. De nabijheid van mensen prikkelt de amygdala (het gedeelte in de hersenen waar de 'vechten-of-vluchten'-respons zetelt). Met die wetenschap is het begrijpelijk dat het moeite kost om je voldoende te ontspannen in gezelschap om een nietszeggend gesprekje te kunnen voeren. Hogere wiskunde kan dan misschien gemakkelijk zijn voor iemand met Asperger, babbelen en sociale omgang zijn vaak een onontrafelbaar mysterie voor hem.

> 'Een babbeltje maken is dodelijk voor me. Er wordt van me verwacht dat ik het met hen over baby's, vriendjes, shoppen en roddels heb. Ik probeer het wel, maar ik word er heel moe en boos van en houd het niet vol.'
>
> *Allison, 39 jaar, bachelor geesteswetenschappen*

Iemand met Asperger gaat naar zijn werk om te werken. Hij gaat er niet heen om vrienden te maken. Helaas zal hij merken dat de realiteit anders is, dat er niet alleen van hem wordt verwacht dat hij zijn werk doet, maar dat hij ook sociaal succesvol is. Volgens de meeste respondenten moeten ze van tevoren weten wat de 'onuitgesproken vereisten' of de 'verborgen agenda' is, en dat vroegere faalervaringen op het werk te wijten waren aan hun onvermogen om gezellig met anderen om te gaan en niet zozeer aan hun werkprestaties. Hoewel sommigen in de loop van de tijd met anderen leren omgaan, lijkt het bij niemand met Asperger als vanzelf te gaan. Ze mogen dan uren achter elkaar over hun favoriete onderwerp kunnen praten, als je over het plaatselijk voetbalteam of het weer begint, vallen ze stil (tenzij dat ook een van hun obsessies is).

Als iemand met Asperger zich onder gelijkgestemden bevindt (en helemaal als ze dezelfde interesses hebben), is dat anders. Dat is soms het geval bij jongere mensen die nog op school zitten of een opleiding volgen, of bij mensen die in een tolerantere of specialistische omgeving werken. Maar als hun baan ooit ophoudt of wanneer ze afstuderen en in een andere omgeving werk proberen te vinden, krijgen ze vroeg of laat toch met smalltalk te maken.

Iemand met Asperger vindt praten over koetjes en kalfjes zinloos; iets aardigs als 'fijne dag' lijkt doorzichtig en stom of zelfs irritant. We realiseren ons niet dat de weigering om eraan mee te doen beledigend kan zijn voor anderen. Smalltalk biedt zicht op wie erbij hoort en wie niet, wie er cool is en wie impopulair. Wij waren bijna nooit populair op school, en op het werk gaat het vaak niet heel anders.

> 'Zodra het over persoonlijke dingen gaat, is het duidelijk wie bij
> welke clique hoort en wie wie aardig vindt. Ik vind dat er een
> onprofessionele sfeer door ontstaat.'
> *Diane, master computerwetenschap*

Gezellig met andere mensen omgaan is moeilijk. Vooral vergaderingen zijn een marteling. Of het er maar twee zijn, een paar, of zelfs een telefonische vergadering, het zijn allemaal sociale situaties waarin de persoon met

Asperger zich slecht op zijn of haar gemak kan voelen. We wiebelen ongemakkelijk op onze stoel en zweten ons een ongeluk, vooral als er een korte
pauze wordt ingelast en mensen met elkaar gaan babbelen, of als de persoon met Asperger ook zijn bijdrage moet leveren.

Op de vraag wat het moeilijkste onderdeel van het werk was, werd bijvoorbeeld geantwoord:

> **'Ik kan gewoon geen gesprekjes over niets voeren. Ik kan mezelf
> prima voorstellen, spreek met gemak in het openbaar, enzovoort,
> maar ik slaag er maar niet in om een gesprek soepel te laten
> verlopen. Erger nog, ik word vaak totaal verkeerd begrepen.'**
> *Walter, zelfstandig horlogemaker*

> **'Omgaan met andere mensen is een opgave, een nachtmerrie. Zomaar
> gesprekken over van alles en nog wat gaat me slecht af, en helemaal als
> het over seks gaat, persoonlijke kritiek of plagerijtjes.'**
> *Julian, administratief medewerker, Groot-Brittannië*

Sociale omgang kan om subtiliteiten gaan, zoals weten hoe je 'Hoi, hoe
gaat het?' tegen iemand zegt, maar dan precies op de manier waarop de
rest dat doet. Het hoeft ook niet verbaal te zijn: een high-five of een 'boks'
zijn lichamelijke vormen van sociale omgang. Wanneer je niet weet hoe je
deze kleine uitwisselingen moet uitvoeren, kunnen ze je een enorm ongemakkelijk gevoel geven. Ter illustratie moet je maar eens naar dit woord
kijken:

Als Mandarijn niet je moedertaal is, dan ken je dit teken niet. Het is het
woord voor 'hallo' en wordt uitgesproken als 'Ni Hao'. Wanneer je het eenmaal leert herkennen, moet je nog steeds leren hoe je het uitspreekt. Hoe
goed je ook denkt te worden, mensen zullen aan je accent altijd horen dat
het niet je moedertaal is.

Dit onvermogen om te communiceren zoals de rest houdt de persoon met Asperger in een isolement. We begrijpen niet waarom mensen die zich overduidelijk aanstellen of nep zijn wel worden gerespecteerd en wij niet, of waarom je oppervlakkige gesprekken zou voeren.

> 'Ik praat niet met mensen terwijl ze dat wel van me verwachten.
> Mensen vinden me vreemd of denken dat ik geen respect voor ze heb.'
>
> *Scott, 40 jaar, grenswachter*

> 'De loopbaanadviseur zei dat ik moest proberen te begrijpen dat
> mensen van die sociale dingen houden; ze zei zelfs dat ik dan
> maar "moest doen alsof" om erbij te horen. Ik antwoordde dat ik
> het al jaren overleefde zonder ooit te hoeven doen alsof. Je leven
> doen alsof zonder je mens te voelen, het lijken wel dingen die
> iedereen maar accepteert en van elkaar verwacht, helemaal op
> het werk. Mij kwetst het. Ik houd het niet vol.'
>
> *Allison*

Over mensen met Asperger wordt soms beweerd dat ze geen gevoel voor humor hebben. Humor hoort bij smalltalk, het is een middel, een manier om het ijs te breken. Sommige grappige opmerkingen begrijpen we misschien niet meteen omdat we ze te letterlijk opvatten. Dat is niet omdat we het niet begrijpen, maar omdat ze vaak te voor de hand liggend zijn. Wij houden van surrealistische, satirische humor, een beetje oneerbiedig of intellectueel stimulerend. Simpele, voor de hand liggende humor wordt vaak verkeerd opgevat, of het kwartje valt iets later omdat de persoon met Asperger de opmerking te veel analyseert. Daardoor kan een heel slim iemand humorloos en traag overkomen.

> 'Ik heb nooit echt kunnen lachen om hun grappen; van die
> clichégrappen. Helaas worden die maar al te vaak gemaakt op de
> werkvloer.'
>
> *Allison*

Wanneer iemand met Asperger een gesprek probeert te voeren, eindigt dat soms in een oratie over een onderwerp dat hij fascinerend vindt, zonder te beseffen dat het voor de toehoorder saai of oninteressant kan zijn.

> **'Een paar dagen geleden gebruikte iemand het woord "diameter".**
> **Ik begon aan een uitleg over pi en de manier waarop pi binnen de**
> **wiskunde werkt; ik zei: "Pi staat gelijk aan 3,141592, en de omtrek is**
> **gelijk aan pi maal de diameter." "We zitten hier niet te wachten op een**
> **college wiskunde van jou," zeiden ze toen.'**
>
> *John, 54 jaar, fabrieksarbeider*

Ze kunnen ook grote woorden gebruiken en iets formeler praten dan gebruikelijk. Bij jonge kinderen met Asperger komt vaak hyperlexie voor (het vermogen om al heel vroeg woorden te kunnen lezen, nog voordat ze op school zitten), en ze blijven vaak anders spreken ook al pikken ze de groepstaal op om erbij te horen.

> **'Ik ben drieëndertig jaar en pas in de afgelopen vier jaar ben ik**
> **gewend geraakt aan nietszeggende gesprekjes. Ik vloek nu zelfs**
> **af en toe, ook al is dat eigenlijk niets voor mij. Als anderen om me**
> **heen zich op hun gemak voelen, voel ik me op mijn gemak.'**
>
> *Brian, fabrieksarbeider*

Iemand met Asperger wil contact met anderen, hij weet alleen niet precies hoe. Maar sociale gewoontes kun je aanleren. Het brein vormt in de loop van de tijd nieuwe neurale banen en er ontstaan steeds weer nieuwe inzichten.

> **'Dat sociale gedoe, vooral de gesprekjes over niets, ging me na het eerste**
> **jaar werken zoveel beter af! We moeten vooral banen krijgen waar we aan**
> **klanten moeten vragen: "Wat kan ik voor u doen?" Gesprekken met**
> **collega's en klanten vormen een geweldige oefening. Nu ik hier twee jaar**
> **werk, heb ik veel meer zelfvertrouwen gekregen.'**
>
> *Jeff, 22 jaar, winkelmedewerker*

Maar zelfs als iemand nooit valt voor de charmes van een babbeltje kan dat een pluspunt zijn, hij houdt namelijk meer tijd over om te werken.

> **'Ik werk twaalf uur per week met peuters en vind het heerlijk dat ik geen tijd heb om over onnozele dingen te kletsen met collega's.'**
>
> *Reanna, moeder van in de twintig*

Tips voor de werknemer

Door sociale problemen en een vechten-of-vluchten-respons op ieder sociaal contact is het voor ons bijna even moeilijk om samen te werken met mensen als het voor iemand met vliegangst is om in een vliegtuig te stappen. De gevoelens kunnen verschillen in intensiteit, maar de angst is uiteindelijk hetzelfde, namelijk dat het niet gaat werken, dat het mislukt. Toch ligt achter de angst en de wrok nog steeds de behoefte om je met anderen te verbinden.

- Bestudeer je eigen vijandigheid ten opzichte van smalltalk en de geschiedenis daarachter. Misschien komt deze deels voort uit boosheid omdat je (nog) niet weet hoe je het zelf moet doen.
- Realiseer je dat zulke gesprekjes iets van de spanning bij je weg kunnen nemen zodat je iets creatiefs kunt bedenken om te zeggen. Misschien hoef je om geaccepteerd te worden alleen maar even over het weer of sport te praten zonder sarcastisch te doen.
- Oordeel niet. Jij wilt ook niet dat er over jou geoordeeld wordt. Je houdt niet van 'domme kletspraat' en je hoeft er niet aan deel te nemen. Maar als je collega's zich door jou veroordeeld voelen, zullen ze je niet aardig vinden.
- Als je het gevoel hebt dat het gesprek zich op een lager niveau afspeelt dan je zou willen, probeer het niveau dan omhoog te krikken of verander van onderwerp, maar doe dat zonder je neerbuigend of pedant te gedragen.
- Volwassenen met Asperger hebben vaak een doe-het-zelf-benadering, maar ze vragen hulp wanneer ze die nodig hebben, door bijvoorbeeld een training in sociale vaardigheden, workshops of boeken zoals *The Hidden*

Curriculum (Myles, Trautman, & Schelvan, 2004). Deze helpen je om gezichtsuitdrukking, klank, lichaamstaal, enzovoort te leren interpreteren.

- Voor veel mensen met Asperger werkt schrijven als een goede uitlaatklep. Wanneer je je eigen gedachten in woorden ziet, kan dat bovendien helpen om vertrouwen te krijgen in je eigen expressie, intelligentie en bestaansrecht. Na een tijdje zul je zoveel vertrouwen hebben dat je het aan anderen durft te laten lezen.

- Zorg dat je niet uitgeblust raakt. Het leven wordt voor negentig procent bepaald door hoe je ertegenaan kijkt. Ja, je hebt Asperger, maar je kunt met je unieke eigenschappen nog steeds een waardevolle bijdrage leveren aan de wereld, aan groepen, gesprekken en je werkgever. Hoe beter je het goede in anderen gaat zien, hoe groter de kans dat ze ook zo op jou gaan reageren.

- Kerstborrels en andere bedrijfsfeestjes of -uitjes kunnen een bron van onrust zijn, al weken van tevoren. Als je te bang bent om te gaan, krijg je er later misschien spijt van. Onthoud dat je moet oefenen en soms zelfs trainingen moet volgen om met anderen om te leren gaan. Vraag advies over welke kleding je aan moet. Ga, als het kan, niet alleen; neem een goede vriend of je partner mee. En drink niet te veel! Je tong mag er dan losser van worden, dat kan verkeerd uitpakken als je de 'verkeerde dingen' gaat zeggen.

Tips voor de werkgever en andere betrokkenen

De personen die voor dit boek zijn geïnterviewd gaven aan dat ze vanwege hun sociale problemen 'dom' en 'nutteloos' werden genoemd. Dat ze niet kunnen meepraten over de uitslag van een belangrijke voetbalwedstrijd of talentenjacht op televisie betekent echter niet dat ze dom zijn.

- Neem de tijd om erachter te komen waar hún interesse ligt of om over hun wérk te praten, want dan kun je er weer, zoals in het begin, van overtuigd raken dat dit een intelligente persoon is en dat je hem of haar juist om die reden hebt aangenomen. Probeer dezelfde taal te spreken.

- Acceptatie is de sleutel: hoe meer we het gevoel hebben dat anderen ons accepteren, hoe gemakkelijker we ons kunnen ontspannen en gesprekken kunnen voeren.

- Het gaat er niet om je zo populair mogelijk te maken; dit is je werk. Sociale vaardigheden mogen niet verplicht worden gesteld, behalve wanneer die een vereiste zijn voor de baan. Verwacht niet van hen dat ze socialer worden en oefen geen druk uit.

- Teamuitjes zijn een nachtmerrie voor hen. Iemand met Asperger zal zich wel meer op zijn gemak voelen als er structuur, een doel en iets stimulerends is om zich op te concentreren. Behalve wanneer er een orkest of band is om naar te kijken, een wetenschapstentoonstelling, een scrabbeltoernooi of een wedstrijd wie het snelst een kubus kan oplossen, bestaat de kans dat ze niet komen. Gelegenheden waarbij ze alleen maar wat ontspannen hoeven te babbelen, zijn voor hen allesbehalve ontspannend.

- Vergaderingen vormen meestal geen goede omgeving voor de persoon met Asperger. Als ze verplicht zijn om die bij te wonen, kun je ervoor of erna vragen of ze een schriftelijke bijdrage willen leveren.

Wat zijn je gedachten over sociale omgang op het werk en de rol of waarde van smalltalk?

Wat denk je dat het anderen oplevert?

Schrijf onderwerpen of strategieën op die je kunnen helpen om je sociale positie op het werk te verbeteren.

HOOFDSTUK 4

Botheid, perfectionisme en de beruchte Asperger-arrogantie

Sommige mensen zeggen dat mensen met Asperger door hun botheid soms 'dwars door rookgordijnen heen prikken'. Anderen noemen het 'botte eerlijkheid'. Hoe je het ook noemt, ze voelen een onbedwingbare neiging om te informeren, vaak zonder een goed beeld te hebben van de te verwachten emotionele reactie van de ontvanger. We vergooien onze kans op populariteit om onze ideeën over verbeteringen aan de man te brengen. Vraag iemand met Asperger of hij je nieuwe pak, auto, enzovoort mooi vindt en bereid je voor op de waarheid. Vraag hem of hij het eens is met de manier waarop je het bedrijf runt en je krijgt een al even eerlijk antwoord. Deze botheid kan als beledigend worden ervaren, vooral als de ontvanger denkt dat degene met Asperger het kwetsend bedoelt. Vriendschappen en banen kunnen erop stuklopen. Mensen met Asperger zijn niet ongevoelig, integendeel, soms zijn we juist overdreven gevoelig.

En we zijn er vaak kapot van als we horen dat we iemand hebben gekwetst. Maar we zijn oprechte mensen die de waarheid willen spreken, die dingen willen verbeteren en die geen spelletjes willen spelen. Waarom zou je ergens doekjes om winden?

Iemand met Asperger kan er ook van worden beschuldigd veel te *klagen* en kritisch te zijn. Daarin schuilt ook het typische. We zijn perfectionisten. We blijven altijd naar betere manieren zoeken om iets te doen (De Vries, 2007). Je kunt ons ervoor afstraffen, maar je kunt er ook je voordeel mee doen. Mensen met Asperger zijn inderdaad gefixeerd op dingen en ze houden van perfectie. Als iets minder dan perfect is en verbeterd kan worden, zullen we daar wat van zeggen. Of we dat tactvol doen of niet heeft te maken met of we ons bewust zijn van de impact die we op dat moment op anderen hebben. Maar aangezien mensen met Asperger doorgaans nogal doelbewust zijn, denken ze waarschijnlijk alleen aan het probleem of de situatie die verbeterd dient te worden, en niet aan de uitwerking die hun woorden mogelijk op anderen hebben. Als je tegen je werknemer met Asperger zegt dat hij veel klaagt, schrikt hij daar waarschijnlijk van omdat hij in zijn eigen ogen nooit klaagt, maar gewoon manieren zoekt om dingen te verbeteren, en waarschijnlijk niet alleen voor zichzelf maar voor iedereen. Mensen met Asperger vinden zichzelf juist proactief, want klagers zijn mensen die alleen kritiek hebben en er vervolgens niets aan doen. Misschien voelen ze zich gekwetst en zijn ze verbaasd dat ze zo verkeerd worden begrepen. Voor hen is het overduidelijk wat hun intenties zijn, en daarom denken ze dat jij dat ook wel begrijpt. Ze zullen in zichzelf teleurgesteld zijn omdat ze niet duidelijker zijn geweest.

Zoals gezegd merken ze vanwege hun zintuiglijke gevoeligheid bepaalde dingen eerder op dan anderen: temperatuur, geluiden, licht, sensaties, enzovoort. In de volgende hoofdstukken wordt daar verder op ingegaan.

Als een methode werkt, zijn mensen met Asperger trouwe dienders, maar als ze denken dat er een betere manier is, zullen ze het zeggen ook. Hun kritiek wordt niet verbloemd, meestal zeggen ze dingen recht voor zijn raap: 'Ik weet een betere manier' of zelfs 'Dat is een slecht idee'. Door zulke uitspraken krijgt iemand de reputatie van betweter; de persoon met Asperger doet dit echter niet voor zichzelf, maar om te helpen. Vooral van vrouwen wordt doorgaans verwacht dat ze tactvol zijn en dat ze zich bewust zijn van hoe anderen naar hen kijken, maar vrouwen met Asperger zijn al even bot als hun mannelijke tegenhangers, hoewel ze door socialisatie, verwachtingen en jaren van ervaring zullen proberen om tactvoller te zijn. Het is iets wat we leren omdat we wel moeten, niet omdat we dat willen of omdat het vanzelf gaat.

Dergelijk gedrag wordt door mensen met Asperger, professionals en andere betrokkenen ook wel – liefkozend – 'Asperger-arrogantie' genoemd. Deze hooghartigheid lijkt ook niet geheel ongegrond. Het werd in hoofdstuk 1 al genoemd, maar een recent onderzoek aan de afdeling Neuropsychiatrie van de Keio University School of Medicine in Tokyo toonde aan dat 'mensen met Asperger een groter vloeibaar redenerend vermogen hebben, dus een grotere vloeibare intelligentie' (Hayashi et al., 2008). Dat kan verklaren waarom mensen met Asperger zich vaak superieur voelen aan hun omgeving waarin mensen niet over deze intellectuele vermogens beschikken. Als de vermogens niet erkend worden, kan de persoon met Asperger zich ontevreden, nutteloos, niet gewaardeerd en wrokkig gaan voelen.

Tips voor de werknemer

- Bedwing de neiging om je kennis te spuien, tenzij iemand je om advies of informatie vraagt. Betweters zijn niet populair. Bij sommige bedrijven is het gepast en wenselijk om ideeën te ventileren of informatie uit te wisselen, bij andere weer niet (vergelijk bijvoorbeeld een onderzoeksafdeling met een schoonmaakbedrijf). Hoewel mensen met Asperger soms onder hun niveau werken omdat ze moeite hebben hun baan te behouden of een opleiding af te maken, moeten ze weten dat ze daar intellectueel niet gestimuleerd zullen worden en dat ze er niet om hun unieke intelligentie worden geprezen (zie ook hoofdstuk 17, 'Asperger en opleiding: een ongelukkige liefde?').

- De snelste manier om je punt duidelijk te maken (aan mensen buiten het spectrum) is door niet altijd alles direct te zeggen. Het is soms handiger om indirect of voorzichtig te zijn. Ik gebruik daar graag een visuele metafoor voor. Als je je woorden afschiet als een pijl (directheid) op de ontvanger, zal die persoon waarschijnlijk terugdeinzen. Als je je woorden als een cadeau verpakt (tact) zal de ontvanger het pakje (je standpunt) waarschijnlijk wel willen aannemen en tot zich nemen.

- Botheid kan soms ook met opzet worden ingezet als manier om schepen achter je te verbranden. Als je Asperger hebt, kijk dan eens terug op je leven en probeer de keren te herinneren dat je iets bots zei tegen iemand om van hem of haar af te zijn. Waarschijnlijk met succes. Hoeveel vrienden heb je op dit moment? Wil je er meer hebben? Wil je dat mensen je aardig vinden? Zo ja, probeer deze neiging dan te bedwingen. Probeer compassie te tonen. Ik zou je nooit vragen om een leugentje om bestwil te vertellen, maar wanneer iemand je foto's van haar pasgeboren baby laat zien, moet je heel goed nadenken voordat je zegt dat hij op ET lijkt.

- Bedwing ook de neiging om arrogant te doen. Veel van de mensen die ik voor dit boek heb gesproken gaven toe dat ze een beetje arrogant konden zijn. Daarmee kun je anderen tegen je in het harnas jagen.
- Begrijp dat je op een bepaald gebied misschien over een superieure intelligentie beschikt, maar mogelijk niet op het andere. Trots zijn op je Asperger is mooi, maar je superieur voelen aan NT (neurotypische of niet-autistische mensen) kan onenigheid brengen.
- Ga eens terug in de tijd. Kijk op welke momenten je er iets aan had gehad als je de ideeën van anderen in overweging had genomen en welke nadelen het je heeft berokkend dat je dat niet hebt gedaan.

Tips voor werkgevers en andere betrokkenen
- De werknemer met Asperger kan in vergelijking anderen meer talent hebben voor logisch redeneren en een groter probleemoplossend vermogen hebben. Maak daar gebruik van! Je beschikt over een geweldig hulpmiddel.
- Zeg niet dat hij te veel klaagt en veeg zijn ideeën niet van tafel omdat hij ze op een botte, tactloze manier overbrengt. Let op de inhoud, niet op de vorm.
- Doe niet beledigd of defensief, maar laat hem uitspreken. Vraag wat hij aan een bepaald probleem zou doen en hij zal helemaal opklaren omdat hij serieus wordt genomen in plaats van weggewimpeld. Als het zinnig is wat hij te zeggen heeft, erken dat dan.
- Keur zijn ideeën niet af omdat hij niet zo populair is.

Wees tactvol tegen iedereen zodat het gemakkelijker wordt.

Merk op welke resultaten je daarmee behaalt.

HOOFDSTUK 5

Blunders, grenzen en emotionele afstandelijkheid

Blunderen – meestal als gevolg van botheid, maar lang niet altijd – is een specialiteit van mensen met Asperger en een van de redenen waarom ze sociale omgang liever uit de weg gaan. Vaak weten ze gewoon niet wat ze moeten zeggen en zeggen ze alsnog het verkeerde.

> 'Omdat ik gezichtsuitdrukkingen niet goed kan lezen en sarcasme niet oppik, weet ik ook niet wanneer mensen mijn woordkeuze afkeuren.'
> *Humphrey, werkloos, bachelor natuurwetenschappen*

> 'Sommige mensen respecteren wat ik voor de school doe, zij zijn een soort mentor voor me. Ze waarschuwen me voor mogelijke politieke blunders die ik kan slaan en staan klaar om het voor me op te nemen als ik me in de nesten heb gewerkt.'
> *Stephen Shore, voorzitter van de ASPERGER'S ASSOCIATION OF NEW ENGLAND, uit Survival in the Workplace (2008)*

> 'Kantoorpolitiek is zo subtiel. Ik zie het heus wel gebeuren en ik begrijp ook hoe het werkt, maar ik ben niet in staat om het spel zelf mee te spelen. En daarom schiet ik er vaak bij in.'
> *Mike, graad in de rechten, secretaris*

Net als in relaties zijn grenzen op het werk heel verwarrend voor mensen met Asperger. Sommigen van hen weten niet goed welke onderwerpen gepast zijn om met collega's te bespreken. Als ze 'iets verkeerds' zeggen, worden ze verkeerd begrepen. Verkeerd begrepen worden is een bekend probleem voor iedereen met Asperger. Nog een probleem – doordat we dingen letterlijk opvatten – is dat we ons niet bewust zijn van het feit dat onze uitspraken verschillend kunnen worden geïnterpreteerd.

> 'Mijn collega had een schaaltje met nootjes op zijn bureau staan.
> Ik liep het doodstille kantoor binnen en schreeuwde: "Ik heb zo'n zin
> in je noten! Ze zien er heerlijk uit!" Het kost me nog steeds moeite
> om te zien wat gepaste gespreksonderwerpen zijn en wat niet.
> Ik zie het pas als het te laat is.'
>
> *Mia*

Omdat we onszelf oprecht vinden en het waarderen als anderen dat ook zijn, vinden we dat we gewaardeerd en gerespecteerd moeten worden. Wij geloven dat een promotie op integriteit gebaseerd hoort te zijn, niet op populariteit.

> 'Ik heb een hekel aan hielenlikkerij en weiger mezelf daartoe te
> verlagen. Ik zal nooit mensen gebruiken om ergens te komen.
> Ik wil altijd kunnen geloven dat ik heb verdiend wat ik heb en dat ik
> mijn integriteit niet te grabbel heb gegooid om ergens te komen.'
>
> *Scott*

Iemand met Asperger handelt vaak op logische gronden en niet zozeer op grond van wat er sociaal en emotioneel van hem wordt verwacht. Iemand die zich emotioneel afstandelijk gedraagt terwijl het op dat moment gepast is om compassievol en emotioneel te reageren, zal de reputatie van koude kikker ten deel vallen. In een emotionele situatie betreden mensen met Asperger een terrein waar ze het resultaat niet kunnen controleren of voorspellen, waardoor ze – en vooral mannen omdat het sowieso een mannelijke reactie is – emotionele uitingen of uitwisselingen liever uit de weg gaan.

Mix een deel logische benadering van het leven, een deel afkeer van emotionele situaties, doe er een scheut moeite om jezelf te uiten bij, zet dit in de wereld om een paar jaar te bakken en Mr. Spock is klaar.

Toch zijn er mensen met Asperger die ongelofelijk compassievol en vriendelijk kunnen zijn en over inlevingsvermogen beschikken (Hesman-Saey, 2008). Ze houden de deur open voor bejaarden, geven hun wisselgeld aan daklozen, redden gewonde dieren, helpen vrienden in nood. Maar soms...

1. ...worden de neurale banen omzeild wanneer er veel stress of angst is of het gevoel bestaat 'aangevallen' te worden. Als er zich een of ander drama afspeelt en de persoon met Asperger het gevoel krijgt dat hij erbij wordt betrokken of beschuldigd wordt, kan hij verdedigend, boos of teruggetrokken gedrag vertonen. Misschien vindt hij de juiste woorden niet, wordt hij zwijgzaam of stottert hij als hij van streek is.

2. ...voelen ze empathie, maar weten ze niet hoe ze dat moeten uiten. Dat heet alexithymie en het betekent dat je er moeite mee hebt om emoties te herkennen en onder woorden te brengen, zowel die van jezelf als die van anderen (Wikipedia, 2008). Het is een veelvoorkomend aspect van Asperger. Toenadering zoeken tot iemand met alexithymie kan zomaar leiden tot zeer ongemakkelijke situaties. Jij vertelt bijvoorbeeld over iets vreselijks dat je is overkomen, en hij begint vervolgens over iets ergers dat iemand anders is overkomen. Het klinkt alsof mensen met Asperger niet met je meeleven. In werkelijkheid willen ze ervoor zorgen dat jij je beter gaat voelen, op een nogal onhandige manier.

3. ...gaat het over een situatie die ze zelf nog nooit hebben meegemaakt, waardoor ze echt niet weten hoe het voelt en ze zich er geen voorstelling van kunnen maken. Dit is een probleem van 'theory of mind': je realiseert je niet helemaal dat andere mensen gevoelens en gedachten hebben die verschillen van de jouwe. Als iemand met Asperger nooit een sterfgeval in zijn naaste omgeving heeft meegemaakt, heeft hij misschien echt geen idee hoe dat voelt en is hij niet juiste persoon om jou te troosten.

Tips voor de werknemer

- Gevoel voor humor... en nederigheid. Daarmee sla je je heel wat gemakkelijker door de blunder heen. Iemand met Asperger die iets politiek incorrects zegt, kan dat laten volgen door: 'Oeps, sorry, je weet hoe ik soms ben. Ik bedoel eigenlijk...' En op die manier kunnen ze uit een mogelijk zeer netelige situatie ontsnappen.

- Als je zeker weet dat je collega's je Asperger nooit tegen je zouden gebruiken, kan het een goed idee zijn om het hun te vertellen. Wanneer mensen niet weten dat je Asperger hebt, zijn ze minder geneigd om te vergeven en vergeten. (In hoofdstuk 18, 'Vertellen of niet vertellen, dat is de vraag', lees je hier meer over.)

- Blijf jezelf, maar ten aanzien van gespreksonderwerpen geldt: bij twijfel niet doen. Onthoud dat de dingen waar jij over wilt praten niet per se dingen zijn die anderen willen bespreken.

- Zoek een mentor, iemand aan wie je je ideeën kunt toetsen. Een broer of zus, een vriend(in), collega, maakt niet uit wie. Zij kunnen je helpen om de grenzen te leren kennen van sociale onderwerpen die geschikt zijn voor op het werk. De grenzen variëren per werkplek – vergelijk een café met een verzekeringsmaatschappij – maar wil je voorkomen dat je steeds flaters slaat, is kennis van grenzen onontbeerlijk.

- Denk na over welke eigenschappen je waardeert bij anderen (zoals tact, humor, vriendelijkheid) en welke niet, en hanteer die normen ook voor jezelf.

- Ga niet compenseren door 'te aardig' te zijn om vrienden te maken als je het niet meent. Je houdt het niet vol en het put je alleen maar uit.

- Je kunt met emoties leren omgaan, vooral als je gesteund wordt en in een liefdevolle omgeving verkeert waar het veilig is om dat te doen. Probeer over je gevoelens te praten met iemand die je vertrouwt.

- Probeer je eigen gedachten en gevoelens op te schrijven om jezelf beter te leren begrijpen: wat vind je leuk en wat niet? Wat zijn je positieve en negatieve gedachten en beweegredenen? Houd een dagboek bij over je ervaringen op het werk en in het leven.

- Voor als je spiritueel georiënteerd bent: de boeddhistische/oosterse beoefening van 'mindfulness' om inlevingsvermogen en compassie voor anderen te kweken is een goede techniek voor mensen met Asperger, evenals de christelijke gouden regel: 'Wat gij niet wil dat u geschiedt, doe dat ook een ander niet'.

Tips voor werkgevers en andere betrokkenen

- Vat het niet persoonlijk op als je werknemer met Asperger iets ongevoeligs zegt. Ze leven met anderen mee, maar weten soms gewoon niet hoe ze dat moeten tonen.
- Als je niet let op de manier waarop ze het zeggen, vertellen ze je misschien wel iets briljants.
- Wees geduldig en probeer de humor ervan in te zien. Het brein is een flexibel orgaan dat voortdurend nieuwe verbindingen legt en onthullingen ervaart. Sociale vaardigheden kunnen worden aangeleerd, althans tot op zekere hoogte.
- Als je geen tijd of zin hebt om deze werknemer te begeleiden, is er misschien iemand anders in het kantoor, iemand met een overvloed aan sociale vaardigheden en tact en die niet snel oordeelt, die hem wat aanwijzingen kan geven.
- Bij ongevoelig of weinig inlevend gedrag kun je de werknemer even terzijde nemen om een werkvoorbeeld of anekdote te vertellen waarmee hij uit de voeten kan in plaats van te zeggen wat hij 'hoort' te voelen.
- Wanneer iemand met Asperger op het punt staat om een blunder te begaan, probeer dan logisch uit te leggen wat daar de mogelijke gevolgen van zijn, alsof het over de toekomstige zetten in een schaakspel gaat, in plaats van hem zich slecht of onbekwaam te laten voelen.

**Denk na over waarom je compassie voelt
bij een film of een fictief personage
en niet bij een echt persoon.**

Wie is belangrijker?

HOOFDSTUK 6

Lege ruimte niet invullen a.u.b.

Emotionele afstandelijkheid beperkt zich niet alleen tot woorden; iemand met Asperger kan soms weinig expressie in zijn gezicht hebben. Op het gezicht is dan niet te lezen wat hij of zij voelt; de uitdrukking kan ook heel anders zijn dan wat je in de gegeven situatie zou verwachten. Dit is een kenmerk van het syndroom van Asperger en wordt genoemd in de diagnostische criteria voor Asperger:

> ...een duidelijk zwak gebruik van non-verbale uitingen zoals langdurig oogcontact maken, gezichtsuitdrukking, lichaamshouding en gebaren om de sociale interactie mee te versterken. (APA, 2000)

'Mijn gezichtsuitdrukking klopt niet altijd bij hoe ik me voel.'
Scott, 31 jaar

Als iemands gezichtsuitdrukking blanco of beperkt is, hoeft dat niet te betekenen dat hij of zij zich vanbinnen ook zo voelt. Soms zijn mensen met Asperger heel geanimeerd of hebben ze een prachtige glimlach die heel aanstekelijk is, maar je weet nooit van tevoren wanneer dat gebeurt. Het kan verwarrend en verontrustend zijn wanneer je aan iemands gezicht niet de reactie afleest die je verwacht. Misschien kom je dan in de verleiding om te proberen uit te dokteren wat ze denken.

- Iemand met Asperger kan in zijn eigen gedachten verzonken zijn.
- Soms glimlachen ze gewoon niet omdat ze zich er niet van bewust zijn dat dat de gepaste reactie is.
- Het kan angst zijn, ook iets wat bij autisme hoort.

Het zou averechts werken om een opmerking te maken over het ongebruikelijke voorkomen van de persoon met Asperger.

> 'Iedereen had opmerkingen over hoe ik eruitzag. Ik vond het vreselijk en het lukte me de rest van de dag niet meer om vrolijk te kijken. Dat bracht natuurlijk alleen maar meer problemen met zich mee, want daardoor vroegen ze me: "Waarom kijk je zo sip?" tot ik eindelijk naar huis kon.'
>
> *Ben, 33 jaar, master speciaal onderwijs*

'Weinig gezichtsexpressie' is niet op iedereen met Asperger van toepassing. Onze gezichtsspieren zijn niet verlamd, en we kunnen ze leren manipuleren zoals onze andere spieren. Vaak kijken naar beelden van jezelf, iets wat nu mogelijk is doordat er steeds meer telefoons met camera, webcams en digitale camera's zijn, kan daar heel goed bij helpen.

Gezichtsherkenning: mensen met Asperger hebben wat moeite met het direct herkennen van gezichten, zelfs van goede vrienden, familie of partners. De gebruikelijke blik van herkenning in de ogen, de glimlach, het zijn dingen die misschien ontbreken wanneer ze je zien. Misschien kijken ze je even leeg aan, misschien nog iets langer, voordat ze zich realiseren wie je bent. Daarna voelen ze zich misschien te ongemakkelijk om nog iets te zeggen. Dat kan verwarrend zijn; misschien denk je dat ze je zijn vergeten, ga je ervan uit dat ze je niet mogen of dat ze je om de een of andere reden afpoeieren. Dat is niet zo; er treedt een vertraging op tijdens het verzamelen van de details van je gezicht en de koppeling daarvan aan je naam en identiteit.

Oogcontact: veel mensen met Asperger maken en houden niet gemakkelijk oogcontact. Wanneer iemand blikken ontwijkt, wordt dat vaak gezien als een teken dat hij zich schuldig voelt of liegt. (Het kan ook wijzen op een gebrek aan zelfvertrouwen, een doodzonde in een cultuur waarin zelfvertrouwen in onrealistisch hoog aanzien staat.) Voor iemand met Asperger komt het door afkeer van zintuiglijke input. Oogcontact maken wordt door sommigen als lichamelijk pijnlijk beschreven, het is verwarrend en bevat te veel informatie. Omdat deze persoon niet in staat is om oogcontact te maken, hebben anderen mogelijk maar een lage dunk van hem of haar, vooral als ze niet van de stoornis afweten of geen inzicht hebben in Asperger. Ze nemen aan dat die persoon iets te verbergen heeft. De persoon met Asperger loopt hier klappen bij op. Ze zien er schuldig uit. Als je hun blik vangt of een foto van hen maakt, zien ze er soms uit als een hert dat gevangen is in de koplampen van je auto.

Op de vraag wat het moeilijkste deel van het werk in een kantoor of winkel was, werd geantwoord :

'Sociale gebeurtenissen. Dat mensen "Lang zal hij leven" voor je zingen en jij ze niet durft aan te kijken. Mensen die grappen maken terwijl je niet weet wanneer het een grap is en wanneer niet.'
Gavin, dertiger, luchtvaartingenieur

'Ik weet dat ik bot en arrogant overkom en doe echt mijn best om voorzichtig te zijn. Het kost me moeite om oogcontact te maken. Na een tijdje zal ik wel niet zo aardig overkomen, of een beetje vreemd. Ik lijk maar weinig met anderen gemeen te hebben.'
Walter

Lichaamstaal: de lichaamstaal van mensen met Asperger wijkt soms ook op veel andere manieren af: een vreemde manier van lopen, een slechte houding, opgetrokken schouders wanneer ze gespannen zijn. Dat komt door een combinatie van angst, zich er niet van bewust zijn hoe anderen hen zien en een van nature lage spierspanning.

In tijden van grote stress of opwinding kunnen ze ook tics hebben, vertrekkingen bij de mond of ogen, stotteren en wapperen met de handen. Deze duren vaak maar even en zijn nauwelijks waarneembaar. *Stimming* komt voor bij mensen met Asperger en moet hier worden vermeld. Stimming (een afkorting van *self-stimulating*, zelf-stimulerend gedrag) kan erg vreemd klinken voor iemand zonder Asperger, maar het is gedrag om jezelf mee te kalmeren, zoals heen en weer wiegen, neuriën, enzovoort. De meeste volwassenen met Asperger weten dit gedrag in het openbaar te beheersen, maar het kan wel moeilijk zijn. Het is een anti-angstmechanisme en wanneer je het onderdrukt, kunnen mensen met Asperger volgens sommigen hun angst niet temperen waardoor deze schadelijk voor hen is. Het zou al helpen als ze hun eigen werkplek hadden. Het volgende hoofdstuk, 'Stilte a.u.b.', gaat daarover.

Tips voor de werknemer

- Denk na over de manier waarop de gezichtsuitdrukking van anderen jou beïnvloedt. Heb je liever dat ze glimlachen of dat ze boos kijken?
- Voor mensen die moeite hebben met hun gezichtsexpressie: ga oefenen. Kijk in de spiegel. Maak foto's van jezelf. Zie hoeveel verschillende uitdrukkingen je tot je beschikking hebt en welke prettig, open of uitnodigend zijn. Het gaat er niet om dat je het anderen naar de zin moet maken of dat je nep of oppervlakkig gaat doen, het gaat erom dat je je van je beste kant laat zien. Dankzij je telefoon, video-/digitale camera, webcam en sites als Facebook en YouTube kun je zien hoe je op anderen overkomt, en kun je je expressie en uiterlijk met een beetje oefenen leren manipuleren. Deze tools zijn van onschatbare waarde, en je moet er zo vaak mogelijk gebruik van maken.
- Oefen stukje bij beetje in oogcontact maken totdat je er meer aan gewend raakt, maar overdrijf niet. Een van de geïnterviewden hanteerde de regel dat het oogcontact tien seconden moest duren, maar dat kan in sommige situaties veel te lang zijn; bovendien leidt tellen de aandacht van het gesprek af.
- Controleer je eigen gezichtsuitdrukking in de loop van de dag. Vraag jezelf: 'Welk beeld draag ik op dit moment over?' Vergroot je kansen op sociaal succes door zo tevreden en zelfverzekerd mogelijk over te komen.
- Puttend uit mijn eigen ervaring: ik keek vaak heel chagrijnig toen ik nog niet wist dat ik Asperger had. Dat kwam doordat ik me niet op mijn gemak voelde, ongelukkig was of me overweldigd voelde in bepaalde situaties en niet wist waarom. Nu ik dit wel weet, doe ik mijn best om de zintuiglijke overbelasting in te perken en te stoppen voor het crisispunt wordt bereikt.
- Als je niet blij en zelfverzekerd bent, kun je je stemming al verbeteren

door te glimlachen. Laat het alleen wel een oprechte glimlach zijn. Een onechte glimlach doet niets voor je humeur, dus zorg ervoor dat je een aantal vrolijke of lachwekkende herinneringen in je geheugen klaar hebt liggen, dat er lachfilms in je dvd-speler zitten of kijk op YouTube naar clipjes die op de lachspieren werken, bijvoorbeeld:

'Ze veranderde me in een watersalamander! Ik... ik werd beter.'
John Cleese, Monty Python en de heilige graal

Tips voor werkgevers en andere betrokkenen

- Zeg tegen iemand die somber kijkt niet dat hij moet 'glimlachen' of 'vrolijker kijken'. Niemand verandert op commando van stemming.
- Mensen met Asperger willen hun stemming niet aan anderen opdringen. Als ze somber of gespannen lijken, moet je daar niets over zeggen, anders voelen ze zich alleen maar slechter.
- Gebruik positieve conditionering. We zijn allemaal ijdele schepsels. Zeg iets over hun mooie glimlach (of goede lichaamshouding) en waarschijnlijk gaan ze die dingen vaker of met meer zelfvertrouwen laten zien.
- Probeer iets grappigs of onderhoudends te zeggen. Weet dat doorsneegrappen hun doel waarschijnlijk missen, volgens de meeste respondenten werkte wrede of clichématige humor niet bij hen.
- Als je werknemer met Asperger geen oogcontact met je kan maken of houden, denk dan niet dat hij iets voor je te verbergen heeft. Het is gewoon iets waar hij zich ongemakkelijk onder voelt. Forceer het niet; laat hem in zijn waarde.
- Het kan op flirten lijken als je tegen iemand zegt dat hij of zij mooie ogen heeft, maar in de juiste context geeft het hem of haar net dat beetje extra zelfvertrouwen om wel oogcontact te maken.
- Onderneem iets met je werknemer, zodat hij zijn aandacht ergens op kan richten terwijl jij met hem praat over wat er in zijn hoofd omgaat. Praten terwijl je samen een activiteit onderneemt, is heel anders dan zittend tegenover elkaar contact onderhouden.

**Oefen een dag met oogcontact maken en schrijf
over je gedachten en reacties in een dagboek.**

Hoe voelt het en waarom denk je dat het zo voelt?

Ben je iemand met zelfvertrouwen?

Zo niet, waarom niet?

**Wat kun je doen om meer zelfvertrouwen
te krijgen?**

HOOFDSTUK 7

Stilte a.u.b.

Gevoeligheid voor de omgeving of problemen met de zintuiglijke verwerking zijn factoren die deel uitmaken van het totaalpakket van autisme. Niet vanwege een probleem met het zicht, gehoor, reukvermogen, enzovoort, maar vanwege het brein. Iedereen uit het autismespectrum heeft zintuiglijke problemen, in sommige gevallen extreem. Vooral gevoeligheid voor geluid komt veel voor. Herrie kan voelen als een fysieke aanval, maar ook zachte geluiden kunnen pijnlijk en hinderlijk zijn, zoals het gezoem van tl-buizen, ijskasten, ventilators, printers en andere apparatuur.

Overprikkeling door geluiden op het werk, variërend van te veel conversatie, geroezemoes, apparaten, ringtones, aankondigingen over de intercom tot computergezoem, zorgt voor verwarring. Mensen met Asperger kunnen er chagrijnig of schuw van worden, ze krijgen er hoofdpijn van en vertonen reacties als oren bedekken, snel de ruimte verlaten, stokstijf stilzitten, misselijk worden. Ze kunnen het gevoel hebben dat hun hoofd 'explodeert'. Mensen met Asperger houden niet van schreeuwers; mensen die luider praten en heftiger doen dan de situatie vraagt. Zelf spreken we juist vaak heel zacht.

> **'Ik ben vlug afgeleid door harde geluiden. Ik raak geïntimideerd als mensen te hard praten.'**
> *Ben*

> **'Harde geluiden kunnen echt traumatisch voor me zijn, bijvoorbeeld een metalen karretje dat langskomt. Op kantoor schrik ik heel vaak ergens van omdat mijn gehoor zo overgevoelig is.'**
> *Mia*

Iedereen wordt op kantoor wel eens afgeleid door geluiden, maar voor mensen met Asperger geldt dat nog sterker.

- Onderzoekers hebben ontdekt dat wanneer mensen een gesprek proberen te voeren of volgen in een rumoerige omgeving, het brein met de verschillende mogelijke betekenissen van een zin 'jongleert' totdat het beslist welke de meest voor de hand liggende is. Dit is gebaseerd op context, waarschijnlijkheid en voorspelling (MRC, 2007). De waarschijnlijkheid dat het Asperger-brein voorspelt waar een zin of gesprek heen zal leiden is misschien minder groot. Het is niet in staat om op deze wijze te jongleren en raakt in de war. Veel, misschien wel de meeste mensen met Asperger, kunnen zich maar op één geluid tegelijk concentreren. Geluiden en drukke sociale situaties zijn moeilijk en uitputtend en vergen het uiterste van hun concentratievermogen.
- Veel mensen met Asperger hebben ook de diagnose posttraumatische stressstoornis (PTSS) (Fitzgerald, 2005). Schrikachtige reacties op harde geluiden komen veel voor bij mensen met autisme, maar zijn ook een symptoom van PTSS. Iemands reactie kan ook nog een combinatie van beide zijn. Misschien ben je van mening dat er in het huidige medische klimaat wel erg gemakkelijk met diagnoses wordt gestrooid, als zijn het snoepjes, maar bedenk dat een PTSS vaak het gevolg is van een leven lang Asperger.

Uit onderzoek blijkt dat herrie klacht nummer één is onder alle werknemers, zonder dat leidinggevenden zich hiervan bewust zijn. Herrie is van invloed op hun productiviteit: stukken duurder dan geld uitsparen door je werknemers in kantoortuinen te plaatsen (Young, 1999). Hoewel sommige werkzaamheden uitstekend in zo'n open omgeving kunnen worden uitgevoerd, werkt het voor taken waar je concentratie en creativiteit voor nodig hebt juist averechts: inspiratie gaat in rook op, er worden fouten gemaakt met gegevens en multitasken gaat maar moeizaam. De productiviteit en tevredenheid van de werknemers nemen af (Oldham & Brass, 1979).

Dit gaat al op voor neurotypische mensen die geen autisme hebben, dus het negatieve effect van een kantoortuin op mensen met Asperger is door hun zintuiglijke en sociale problemen nog groter. Op de vraag 'Als je in een groep of kantoor moest werken, wat zou je dan helpen om je minder onrustig te voelen?' antwoordden de respondenten:

'Dat het stil is in het kantoor; een koptelefoon helpt niet bij mij.'

Diane

'Dat ik mijn eigen kantoortje heb, waar het muisstil is en waar je niets vanbuiten hoort.'

David, 39 jaar, zelfstandige

'Ik raak uitgeput en word afgeleid door de adrenaline die toeschiet zodra ik bij andere mensen in de buurt ben. Óf ik krijg zin om te gaan feesten, dan word ik opgewonden en ga ik opscheppen, óf ik word er chagrijnig en prikkelbaar van. Als ik ooit weer met andere mensen in een kantoor kom te werken, moet ik een bureau ver weg van de rest en liefst een deur om het geluid buiten te sluiten en niet steeds het gevoel te hebben dat er andere mensen in de buurt zijn.'

Tandy, 48 jaar, hovenier

Veel problemen uit dit boek zouden hanteerbaar kunnen worden gemaakt als de persoon met Asperger zijn of haar eigen kantoor of werkplek had. Of het nu door rumoer, licht, visuele overprikkeling of de sociale omgang met anderen komt, een eigen werkplek staat hoog op ieders verlanglijstje.

'Ik zou een omgeving moeten hebben waarin ik bijna niet afgeleid kon worden.'

Mia

'Hier [in Groot-Brittannië] hebben kantoortuinen vaak niet eens scheidingswanden tussen de bureaus. Met mijn specialistische, technische, analytische werk moet ik me in zo'n onnatuurlijke omgeving zodanig concentreren dat ik er geestelijk en emotioneel door uitgeput raak. Ik kan lange tijd geconcentreerd werken, maar in een open

kantoortuin worden er ook nog sociale dingen van je verwacht. Het werk
dat ik doe zou gemakkelijk in een eigen kantoor kunnen worden
gedaan, weg van alle onnatuurlijke en onnodige afleidingen, en dan zou
ik mijn vaardigheden veel beter kunnen inzetten en veel productiever
zijn. Helaas denken werkgevers door een gebrek aan kennis van
autismespectrumstoornissen vaak dat de typische moderne
kantoortuinen prima geschikt zijn voor iedereen.'

Dr. G., gepromoveerd in de zuivere wiskunde,
afgestudeerd computerwetenschapper, zelfstandige

Zoals gezegd kan iemand met Asperger zich heel lang op een project of
taak concentreren. Sommigen geven zich onvermoeibaar over aan hun
passie, maar velen kunnen met dezelfde toewijding ook lange tijd bezig
zijn met huishoudelijke taken. Als ze 'in een flow' zijn, zijn ze onovertroffen
in ijver, onderzoek, problemen oplossen en gewoon werken. Hebben ze
ergens een plek waar ze gevrijwaard zijn van bemoeizuchtige blikken, dan
raken ze niet afgeleid. Je wilt niet dat die flow stopt. Ze besteden meer tijd
een aandacht aan details dan iedereen, maar niet als er kritisch naar hen
wordt gekeken. Dat is belangrijk, en er wordt dan ook specifiek aandacht
aan besteed in dit boek in hoofdstuk 9, 'Echt, ik heb Asperger'. Het volgende hoofdstuk gaat over visuele overprikkeling en andere zintuiglijke
problemen.

Tips voor de werknemer

- Vraag een rustiger werkplek. Of je voor je Asperger wilt uitkomen of
  niet, je kunt gewoon tegen je werkgever zeggen dat je het beste uit je
  werk wilt halen en dat je beter functioneert in een rustige omgeving.
- Probeer als het kan met oordoppen of een koptelefoon te werken.
  Instrumentale muziek of natuurgeluiden (wind, water, vogels, enzovoort) helpen waarschijnlijk beter voor je concentratie op het werk dan
  de muziek met zang die je misschien doorgaans het liefst beluistert.
  Bewaar de heavy metal voor de rit naar huis of in je pauze.
- Er zijn softwareprogramma's om omgevingsgeluiden mee weg te filte-
  ren.

- Als je een luide prater in de buurt hebt, moet je creatief zijn. Heb je nog niet verteld dat je Asperger hebt, dan kun je proberen te zeggen dat je een overgevoelig gehoor hebt en dat hij of zij bij jou in de buurt zacht moet praten. Het is niet helemaal waar, maar beter dan het alternatief dat je de instorting nabij bent.

- Verschillende therapieën en technieken blijken te werken, vooral als je een specifieke 'trigger' hebt zoals bijvoorbeeld een brandalarm of een sirene. In deze setting wordt het geluid steeds afgespeeld en mag je zelf de timing en het volume bepalen.

- Stress en zintuiglijke overbelasting moeten als geheel worden bekeken, een 'totale belasting'. Je moet doen wat je kunt om tevreden en gelukkig te blijven, want wanneer je veel endorfinen aanmaakt, ben je minder gevoelig voor pijn.

- Leer of maak gebruik van technieken voor stresshantering: meditatie, mindfulness, yoga en concentratie-oefeningen.

- Kalmeer je zenuwen met natuurlijke middelen als valeriaan of kamillethee. Drink niet te veel koffie.

In het volgende hoofdstuk staan nog meer tips om je zenuwen te bedwingen en je minder gevoelig te maken, ook wordt er aandacht besteed aan visuele overprikkeling en andere zintuiglijke problemen.

Tips voor werkgevers en andere betrokkenen

Kantoortuinen werden voor het eerst in de jaren twintig van de vorige eeuw geïntroduceerd om zoveel mogelijk bureaus in een zo klein mogelijke ruimte te kunnen zetten en daarmee geld uit te sparen (Caruso, 2009). De kantoortuin is een gruwel voor mensen met het syndroom van Asperger, maar mensen zonder autisme zijn er ook niet bepaald dol op. Onderzoeken tonen zelfs aan dat werknemers er ziek van kunnen worden:

In een open ruimte kampen werknemers met problemen als het verlies van privacy en identiteit, een geringere productiviteit, gezondheidsklachten, overprikkeling en ontevredenheid over hun baan (Oommen, Knowles & Zhao, 2008).

Stel dat je niet van plan bent de kantoortuin af te schaffen:

- Is er een klein kantoor in het pand dat niet wordt gebruikt, dan kun je de werknemer met Asperger daar laten werken, ook al doet hij hetzelfde werk als de rest. Gaan collega's daarover klagen of vragen ze zich af waarom hij daar wel mag werken, onthoud dan dat je werknemer je in vertrouwen heeft genomen en dat je hem je discretie verschuldigd bent. Je hoeft zijn collega's niet te vertellen dat hij Asperger heeft; zeg gewoon dat deze werknemer het nodig heeft vanwege lichamelijke of zintuiglijke redenen.

Als er geen extra ruimte beschikbaar is:

- Zorg er dan op zijn minst voor dat ze hun eigen hokje hebben met hoge scheidingswanden, dat is niet al te ingewikkeld voor elkaar te krijgen, liefst met een raam, in de rustigste, meest afgelegen hoek van de ruimte.
- Het is ook mogelijk om een deel van het werk, misschien wel het grootste deel, thuis te laten doen. Hier wordt uitgebreid op ingegaan in hoofdstuk 9, 'Echt, ik heb Asperger'.
- Het voordeel voor de werkgever? Je zult een gezondere, gelukkiger werknemer hebben die productiever is en langer voor je zal willen werken. Ook jij zult je beter voelen in de wetenschap dat je de menselijke behoeften voorop hebt gesteld.

Van welke geluiden ondervind jij hinder?

Welke stappen onderneem je op dit moment om ze hanteerbaar te maken?

HOOFDSTUK 8

Visuele overprikkeling en andere zintuiglijke problemen

Visuele overprikkeling haalt je uit je concentratie en lokt dezelfde reacties uit als overprikkeling door geluiden. Maar de bron zal je verbazen. Drukke kleding van iemand die langsloopt kan een visuele afleiding vormen, te veel mensen in de ruimte of zelfs te veel apparaten met bewegende onderdelen. Voor mensen die buiten werken, is een winderige dag drie keer zo bedreigend, omdat er dan een beroep wordt gedaan op het gehoor, het zicht en de tastzin. Langsrijdende auto's, lichten, borden, mensenmassa's; deze visuele chaos kan de persoon met Asperger uitputten. Ook hoog op de lijst met triggers prijkt een kantoor waar te veel computerschermen staan, vooral de oudere exemplaren met monitors die op tv's lijken, en met zwakke, knipperende, onnatuurlijke tl-verlichting. Het probleem met tl-verlichting is drieledig:

- De koele, witte, zuinige tl-lampen worden het meest in openbare gebouwen gebruikt. Er zit geen blauw in hun kleurenspectrum, 'het belangrijkste deel voor mensen'.
- Nog afgezien van het feit dat de werknemers niet het psychologische voordeel van daglicht hebben, geven tl-lampen gifstoffen af en worden ze in verband gebracht met depressie, depersonalisatie, agressie, duizeligheid, angsten, stress, kanker en veel andere gezondheidsproblemen. Het is geen grapje. De bewijzen staan in een EPA[1]-rapport (Edwards & Torcellini, 2002).
- Knipperende tl-buizen, die epileptische aanvallen kunnen veroorzaken,

---

1) EPA = Environmental Protection Agency, federale agentschap van de VS ter bescherming van de volksgezondheid en het milieu (Wikipedia).

roepen sterke reacties op bij mensen met Asperger, zoals hoofdpijn, verwarring en een gebrek aan concentratie. Ze zijn er gevoeliger voor en zien het soms terwijl de rest het niet opmerkt.

Daglicht daarentegen is een natuurlijk antidepressivum. Het verbetert je humeur, doet je energie toenemen en voldoet aan de behoefte om je te verbinden met je leefomgeving buiten. Het lichaam gebruikt licht als voedingsstof; daglicht stimuleert essentiële biologische functies in het brein. Het scheelt ook in energieverbruik (Edwards & Torcellini, 2002). Vóór de jaren veertig van de vorige eeuw was daglicht de belangrijkste bron van licht in kantoorgebouwen; kunstlicht diende louter als aanvulling. Nu zitten de meeste of alle werknemers in kunstlicht te werken. Dat klinkt niet bepaald gezond, of wel soms?

Hoog op de Asperger-verlanglijst? Een werkplek bij een raam. Afgezien van het daglicht heeft het ook het voordeel van het uitzicht: een plek om de blik en de geest op te richten, een minipauze van alle zintuiglijke overlast.

Frisse lucht is nog zo'n veelgehoorde wens voor op de werkplek.

> 'Overdag eet ik niet zodat ik pauzes van tien minuten kan nemen in plaats van een lange lunch. Op die manier kan ik mijn hoofd leegmaken en wat broodnodige frisse lucht inademen.'
> *Tom, 24 jaar, master luchtvaarttechniek*

> 'Ik zou wel ramen willen die ik kan openzetten wanneer ik wil. Ik heb een hekel aan airconditioning. Af en toe heb ik gewoon frisse lucht nodig.'
> *Fumiro, man, in de twintig, Japan*

In de jaren zeventig bepaalden volgens een EPA-rapport 'landelijke energiebesparingsmaatregelen dat de hoeveelheid buitenlucht met ventilatie moest worden beperkt (van 25,5) tot 8,5 m^3/uur per aanwezige. Deze geringere ventilatie zorgde er in veel gevallen voor dat de gezondheid en het welzijn van de ingezetenen niet kon worden gehandhaafd' (1991). Hoewel de norm weer is teruggebracht naar 25,5 of 34 en nog hoger, voldoen de condities in nieuwe en bestaande gebouwen daar vaak niet aan. Het gebruik van chemische stoffen en een onvoldoende aanvoer van frisse lucht wordt in verband gebracht met het sickbuildingsyndroom (SBS) en heeft voor miljarden dollars aan verlies van productiviteit gezorgd. We kunnen hier niet te diep ingaan op de oorzaken van en oplossingen voor het SBS, maar het terugdringen van het gebruik van chemicaliën, het controleren van de airconditioningsystemen en het beter beschikbaar maken van frisse lucht kan alleen maar goed zijn voor alle werknemers en leiden tot minder kosten door ziekteverzuim.

Een aangename temperatuur stond ook op het wensenlijstje. Sinds de uitvinding en introductie van airconditioning en centrale verwarming op de werkplek is de gemiddelde binnentemperatuur op kantoor in de zomer zo sterk gedaald dat je een trui aan moet, en zo gestegen in de winter dat je in een T-shirtje kunt rondlopen. Behalve het feit dat het indruist tegen het natuurlijke aanpassingsvermogen van het lichaam aan de seizoenen, wekt het ook nog eens hevige reacties op bij de logisch denkende mens met Asperger met zijn gevoelige huid. Deze ontwikkeling loopt trouwens parallel met de stijging van het aantal mensen met obesitas in Amerika (uit onderzoeken is gebleken dat het lichaam minder energie verbruikt in ruimtes met airconditioning).

Geuren en chemicaliën: chemische gevoeligheid heeft nu zijn eigen syndroom, maar het zat al inbegrepen in het totaalpakket dat Asperger heet. Afgaand op wat de meeste geloofwaardige onderzoekers naar Asperger zeggen, wordt autisme veroorzaakt door een combinatie van genetische factoren en schadelijke omgevingsinvloeden zoals gifstoffen. De meeste mensen met Asperger die ik heb gesproken, geven de voorkeur aan natuurlijke producten, natuurlijke vezels en geuren, enzovoort, en reageren sterk op geur, of het nu positief of negatief is. In de meeste meubels zijn tegenwoordig gifstoffen verwerkt zoals vlamvertragers. Een gesprek met een wetenschapper van een grootschalig gezondheidsonderzoek aan de University of California, de UC Davis Charge Study, bracht aan het licht dat gebromeerde vlamvertragers, chemische schoonmaakmiddelen en luchtverfrissers worden beschouwd als een paar van de mogelijke omgevingsoorzaken van autismespectrumstoornissen. Totdat daar meer over bekend is, is het beter om chemische middelen tot een minimum te beperken, niet alleen voor mensen met Asperger maar voor alle werknemers.

Tips voor de werknemer

- Vraag om een plekje bij het raam en laat de luxaflex open.
- Vraag of er iets aan de verlichting kan worden gedaan, of er bijvoorbeeld gebruik kan worden gemaakt van volspectrumlichten. Zo niet, vraag dan of de tl-verlichting boven je bureau uit mag en hang je eigen lamp op.
- Draag een hoed met een rand of een pet om de effecten van de plafond-verlichting mee af te weren. Dat geeft je misschien ook een gevoel van veiligheid.
- Donkere glazen, het kan een goedkope zonnebril zijn of een speciale Irlen-bril, kunnen helpen met visuele problemen zoals flikkerende en felle verlichting, computerschermen en geprint papier.
- Verander de kleur van de achtergrond van je computerscherm.
- Flatscreens en laptops zijn veel minder belastend voor autistische of gevoelige ogen dan ouderwetse monitors. Vraag of je kunt ruilen als je nog een ouderwets model hebt.
- Probeer te hyperfocussen in plaats van alles tegelijk in je op te nemen.
- Hang foto's op bij je werkplek, in je kluisje of waar je maar wilt – een rustgevend natuurtafereel, foto's die blije herinneringen bij je oproepen of foto's van je huisdier.
- Bewaar een zakje met aanraakdingen; dingen die je zintuigen prikkelen en waar je rustig van wordt, zoals speeltjes die piepen als je erin knijpt, een gladde steen, fluweel of een stukje bont, een stuiterbal voor onder je voeten of tussen je knieën waar je in kunt knijpen.
- Geur is een krachtig iets en kan emoties oproepen. Neem bloemen mee naar je werk. Het gaat misschien te ver om wierook of kaarsen aan te steken, maar er bestaan ook kaarsen zonder vlam, potpourri en geur-zakjes. Deze zijn vaak kunstmatig, maar er zijn ook sprays op basis van essentiële oliën als lavendel die geen chemische stoffen bevatten. Deze kun je kopen in een natuurwinkel of in het schap met biologische pro-ducten in de supermarkt.

- Las creatief zintuiglijke pauzes in. Ga naar de wc, doe de deur op slot, doe het licht uit, houd je handen onder warm, stromend water. Ga naar buiten om frisse lucht op te snuiven.
- Thuis of in je vrije tijd: neem een bad in het donker, laat je intensief masseren, doe wat je nodig hebt om stress te ontladen.
- Neem een massagekussen mee voor op je stoel.
- Vraag of je een bureau kunt krijgen uit de buurt van de ventilatiegaten van de verwarming of de airconditioning.
- Blijf zelf ook gezond; zorg dat je in je vrije tijd zoveel mogelijk frisse lucht en beweging krijgt.
- Draag laagjes kleding zodat je altijd een aangename lichaamstemperatuur kunt houden.
- Je kunt vragen of je huisarts een advies voor je op schrift stelt, maar pas op: een van de geïnterviewden kreeg zo'n briefje van de huisarts mee waarop stond dat ze frisse lucht en rust nodig had, maar haar werkgever deed er niets mee. Een ongevoelige werkgever kan zo'n verzoek dus moeilijk en aanstellerig vinden.
- Hoe je iets vraagt is vaak veel belangrijker dan waarom. Vergroot de kans dat je gehoord wordt door tactvol te zijn: stel je vraag op een positieve manier, anders wordt je verzoek als klacht opgevat in plaats van iets rationeels en logisch.

Tips voor werkgevers en andere betrokkenen

- Daglicht en frisse lucht zijn basisbehoeften van de mens en meer dan logisch.
- Laat op zijn minst de luxaflex open als de ramen niet open kunnen. In een rapport van het Amerikaans ministerie van Energie (2002) staat: 'De geruststellende ruimte en verbinding met de omgeving buiten (middels daglicht) leveren voordelen op die even groot zijn als energiebesparing.'
- Installeer volspectrum tl-verlichting, de enige elektrische verlichting met blauw in zijn spectrum. Deze mag dan duurder zijn in aanschaf en gebruik dan de compacte tl-buizen, maar de voordelen op het gebied van gezondheid en productiviteit wegen ruimschoots op tegen de kosten. Er zal minder ziekteverzuim zijn en over het geheel zal de sfeer verbeteren.

- Laat de airconditioning regelmatig controleren op schimmels en bacteriën.
- Volg de tempatuurveranderingen buiten, volg de seizoenen: daarmee gaat de energierekening omlaag en het welzijn van de werknemers omhoog.
- Geef de werknemer met Asperger zijn eigen ruimte en enige controle over zijn omgeving.
- Als je je kantoor opnieuw wilt inrichten of een nieuwe bedrijfsruimte zoekt, houd dan altijd de gezondheid van je werknemers in acht. Er zijn ook meubels en stoffen te koop die vrij zijn van chemische stoffen. Vraag ernaar.

Middels de voorgaande twee hoofdstukken kun je een plan opstellen om zintuiglijke problemen – visueel, auditief of op een ander lichamelijk gebied – tot een minimum te beperken en je werkleven te verbeteren.

HOOFDSTUK 9

Echt, ik heb Asperger

Mensen met Asperger zijn intrinsiek gemotiveerd, ze willen het gevoel hebben dat ze hun werk goed doen. Prestige, beloftes of beloningen betekenen minder voor hen. Soms doen ze werk onder hun niveau of voor een zeer laag salaris, alleen omdat het goed voelt om het te doen. Mensen met Asperger hebben bovendien een bijzonder scherp oog voor detail, op het perfectionistische af. Door deze twee factoren weet je dat de werknemer met Asperger zijn werk goed zal doen, zolang hij maar weet wat er van hem verlangd wordt.

> 'Ik ben dienstbaar en doe graag dingen voor anderen. Ik houd er niet van om gewoon maar mijn werk te doen. Ik moet meer doen, meer zijn en meer bijdragen. Maar misschien had ik er beter op moeten letten dat ik ook werk koos waar ik ook meer betaald zou krijgen. Ik heb heel hard gewerkt en er weinig voor teruggekregen, alleen omdat het goed voelde.'
>
> *Scott*

Mensen met Asperger hebben duidelijke instructies nodig van hun meerderen. Aantekeningen of diagrammen zijn – soms zelfs cruciale – hulpmiddelen bij het onthouden van mondelinge instructies. Iemand met Asperger moet precies weten wat er van hem wordt verwacht, ook de achterliggende gedachten of speciale omstandigheden. Hij of zij moet weten wanneer iets af moet zijn. Ze bloeien op als ze het op hun eigen manier voor elkaar krijgen, in hun eigen tempo, zonder kritisch te worden bekeken. Op de vraag wat ze van hun baas nodig hadden werd onder andere geantwoord:

'Expliciete verwachtingen met heldere instructies; dat ik mijn
werk op zo'n manier kan organiseren dat ik het kan doen.
Een structuur waarin ik de autonomie heb om iets te creëren.'

Allison

'Duidelijke, geschreven instructies, heldere feedback en genoeg
tijd om dingen te beoordelen en te leren. Ik heb een omgeving
nodig waarin het tempo niet zo hoog ligt dat ik het gevoel krijg
dat ik steeds moet hollen zonder adempauze.'

Mia

Deadlines vormen een noodzakelijk onderdeel van het leven en maken deel uit van de bovengenoemde structuur, maar voor iemand met Asperger kan het nodig zijn om de tijdschema's wat flexibeler te maken. Iemand met Asperger moet soms een tijdje over een idee of project nadenken voordat hij of zij eraan begint. Als je ze dwingt om ergens aan te beginnen zonder ze de kans te geven Het Grote Geheel in zich op te nemen – hoe zit het in elkaar, wat is het vermoedelijke resultaat? – dan 'vatten' ze het misschien niet. Zoals gezegd hebben mensen met Asperger een bovengemiddelde intelligentie, de wegen naar begrip lopen alleen anders; dingen die voor anderen nogal moeilijk zijn, zijn dat niet voor iemand met Asperger, terwijl hij er langer over doet om dingen te doorgronden die voor mensen zonder autisme voor de hand liggend zijn. Sommige mensen met Asperger kunnen multitasken, maar meestal kunnen we dat niet en moeten we onze aandacht op systematische wijze richten.

'Ik kan maar één taak tegelijk uitvoeren en wil genoeg tijd
hebben om aan de routine te wennen (als die er is).'

Brian

'Dode tijd' is noodzakelijk om goed te functioneren. Soms moet iemand met Asperger zich even afsluiten van zowel de buitenwereld als de gedachten in zijn hoofd. Niets doen dus. Omdat ze zulke gevoelige zintuigen hebben moeten mensen met Asperger de zintuiglijke input af en toe even stopzetten of beperken. Dat kunnen ze doen door een paar keer in de loop van de dag te pauzeren, bijvoorbeeld door de tijd buiten het werk constructief te besteden of met behulp van flexibele werktijden en -plaatsen, met instemming van de werkgever.

Of iemand het vertrouwen krijgt of kritisch in de gaten wordt gehouden, is van grote invloed op zijn zelfvertrouwen en sociale vaardigheden. De omgang met klanten en collega's verloopt gewoon soepeler wanneer je niet met argusogen wordt bekeken.

'Ik maakte een catalogus van antieke Indiaanse gebruiksvoorwerpen. Ik werkte alleen, ik kon naar buiten, ik kon mijn eigen werktijden en tempo bepalen en ze wisten dat ik het werk goed deed. Heerlijk! In mijn eentje kan ik dingen doen waardoor ik me slim en nuttig voel. Maar onder de veroordelende blikken van anderen komt er niets uit mijn handen.'

Allison

'Bazen lijken geen vertrouwen te hebben in mijn vaardigheden. Ze lijken me te veroordelen op basis van iets anders dan mijn prestaties. Hoe minder vertrouwen ze in me hebben, hoe minder graag ik met hen werk. Hoe minder graag ik met hen werk, hoe minder vertrouwen ze in me hebben. Het wordt een uitzichtloze spiraal.'

Humphrey, bachelorgraad, werkloos

Flexibele werkafspraken: flexibele tijden/thuiswerken

Afhankelijk van het soort bedrijf of de positie die de werknemer met Asperger bekleedt, zou een werkgever de mogelijkheid moeten overwegen om hem of haar thuis te laten werken. Dankzij de moderne technologie kan veel werk tegenwoordig ook vanuit huis worden gedaan. Niet iedere werkgever is ervan op de hoogte, maar door het drukke verkeer, de hoge brandstofprijzen, de kosten van een kantoorpand en de energierekeningen is er bij grotere ondernemingen een sterke groei geweest van het aantal thuiswerkers (Fawcett, 2004).

> **'Ik kan heel veel werk vanuit huis doen. Dankzij fax, telefoon, internet, enzovoort is het voor sommige bedrijven bijna niet meer nodig om nog een kantoorpand te hebben.'**
>
> *Dr. G.*

Een werkgever die bang is dat een werknemer thuis minder hard werkt, komt daar snel genoeg achter: taken, projecten, enzovoort komen af of niet. Maar bij de werknemer met Asperger zal dat geen probleem zijn.

> **'Ik werk vaak heel lang door om iets perfect af te krijgen, die extra tijd krijg ik vaak niet uitbetaald. Ik geniet er gewoon heel erg van. Ik heb bovendien niet met collega's te maken en kan mijn eigen omgeving controleren. Ik zet muziek op, ga aan het werk en soms verstrijken er vijf uur terwijl het voor mij als een uur voelt.'**
>
> *Walter*

Als er geen reden is om iemand met Asperger in een strikt tijdschema te dwingen (van negen tot vijf) zou het ideaal zijn als hij kan werken wanneer hij wil. Er is nog weinig onderzoek naar gedaan, maar van mensen met Asperger wordt aangenomen dat ze vaak aan een bepaalde vorm van slaapapneu lijden, waardoor het hen moeite kost om in slaap te vallen, in slaap te blijven en een regelmatig slaappatroon te houden. Slaapstoornissen zijn natuurlijk niet voorbehouden aan mensen uit het spectrum, maar ze lijken er wel vaker last van te hebben (drie op de vier geïnterviewden). Ze zouden productief kunnen blijven met flexibele werkafspraken, hetzij over de werktijd, hetzij over thuiswerken.

> **'Met mijn ideale baas zou ik gemakkelijk kunnen praten, hij zou me begrijpen en me toestaan om flexibele uren te werken.'**
>
> *Diane*

**'Mijn problemen hebben met de zintuigen te maken en met de eis
dat ik gedurende een vaste periode op het werk ben. Ik zie op
tegen dingen die ik moet doen. Ik doe dingen die ik moet doen
meestal zolang ze niet aan tijd gebonden zijn.'**

Tom

Veel mensen met Asperger maken lange uren, soms werken ze zelfs elk moment van de dag en ook in het weekend. Zelfs de mensen zonder werk die voor dit boek zijn geïnterviewd hielden zich voortdurend bezig met creatieve projecten en mogelijke ondernemingen. Daarbij ging het om kunst, muziek, schrijven, uitvinden, techniek, de ontwikkeling van computerprogramma's en meer.

Tips voor de werknemer

- Het is zonder meer geweldig als je van huis uit kunt werken. En ik wil je ook ten zeerste aanbevelen om flexibele werkafspraken te maken, als dat kan. Maar zolang je een werknemer bent, kan er van je worden verlangd dat je vergaderingen bijwoont of deelneemt aan telefonische vergaderingen. Neem maar van mij aan: bij telefonische vergaderingen kun je je nog steeds ongemakkelijk voelen en verkeerde dingen zeggen. Bij die gelegenheden zul je nog steeds kritisch worden bekeken, en je bijdrage zal worden gewikt en gewogen. Een nadeel van thuiswerken is dat je er niet de sociale omgang en oefening mee krijgt die je zo goed kunt gebruiken en waar je misschien naar verlangt. Het blijft echter een mogelijke oplossing van veel van de kwesties in dit boek.
- Wees je ervan bewust wanneer je met argusogen wordt bekeken. Ga oefenen met het uitstralen van zelfvertrouwen in plaats van arrogantie.
- Je zou kunnen vragen of je meer zelfstandigheid kunt krijgen, maar de manier waarop je het vraagt, is van invloed op het resultaat. Als je bijvoorbeeld heel ingehouden zegt: 'Ik houd er niet van als er naar me wordt gekeken', zonder oogcontact te maken, zal je baas zich afvragen wat je te verbergen hebt en je waarschijnlijk nog veel meer in de gaten (laten) houden. Probeer te glimlachen, maak kort oogcontact en zeg: 'Als u het niet erg vindt, zou ik graag wat meer vertrouwen willen krijgen.'

Ik vind het lastig als er naar me wordt gekeken terwijl ik aan het werk ben (met klanten spreek, enzovoort). Het maakt me verlegen en zelfbewust.'

- Het kan helpen als je erbij zegt dat je Asperger hebt. Hier hebben we het uitgebreid over in hoofdstuk 18, 'Vertellen of niet vertellen, dat is de vraag'.

- Als je niet voor jezelf werkt, zul je instructies moeten opvolgen van je baas of meerdere. Je moet dus luisteren naar hoe een ander de dingen doet. Stel je voor dat jij de eigenaar was van het bedrijf. Je zou toch zeker ook willen dat je werknemer de dingen op jouw manier deed?

- Instructies opvolgen en onder iemands leiding staan betekent niet dat je onderdanig bent, het betekent dat je redelijk bent en bereid om te leren. De uitdrukking 'teamplayer' wordt meestal niet in verband gebracht met Asperger, maar je begrijpt in theorie vast wat de voordelen zijn van samenwerking; probeer dat ook in de praktijk te brengen. Voor een visuele metafoor kun je denken aan bergbeklimmers of trapezeartiesten die samenwerken in groepen of paren. Hun leven kan afhankelijk zijn van het vertrouwen in de bekwaamheid van de ander.

- Moeite om regelmatige uren te slapen is een bekend probleem, je hebt er discipline, ontspanningstechnieken en andere hulpmiddelen voor nodig. Er zijn genoeg niet-verslavende, natuurlijke middelen ter bevordering van de nachtrust verkrijgbaar, vaak goedkoop of zelfs gratis. Denk aan melatoninetabletten of andere natuurlijke slaapmiddelen (te koop bij natuurwinkels, het schap met biologische middelen in de supermarkt of het rek met natuurlijke middelen en supplementen bij de apotheek), kamillethee, lavendelgeur en natuurgeluiden of zachte muziek. Zet geen tv of computer in je slaapkamer; de verleiding om die te gebruiken en de elektromagnetische straling die ze afgeven kunnen je wakker houden. Zorg voor voldoende lichaamsbeweging en veel frisse lucht.

- Er zijn allerlei therapieën voor verschillende aspecten van Asperger, van sociaal tot zintuiglijk. Of zulke therapieën ook vruchten afwerpen, is van een aantal factoren afhankelijk. Het is in elk geval de moeite waard om een therapeut te zoeken die ervaring heeft met Asperger of om een methode te kiezen die specifiek bestemd is voor spectrumstoornissen. Onderzoek de mogelijkheden, wees proactief, zoek iets waar je vertrouwen in hebt.

Tips voor werkgevers en andere betrokkenen

Sinds de Britse Employment Act uit 2002 hebben sommige ouders het recht om hun werkgever om flexibele werkafspraken te vragen, zowel wat werktijden als locatie betreft (wanneer en waar ze werken). Het is waarschijnlijk een kwestie van tijd voordat deze wet ook van toepassing is op bepaalde individuen, zoals mensen met Asperger. In de vs zijn er op dit moment geen wetten die van bedrijven eisen dat ze flexibele werkafspraken met werknemers maken, maar veel bedrijven bieden die toch aan, omdat het mes aan twee kanten snijdt (Kelly & Kalev, 2006).

- Overweeg om je werknemer met Asperger vanuit huis te laten werken. Dat kan niet altijd, maar dankzij alle beschikbare technieken kan veel werk ook comfortabel en effectief buiten het kantoor worden gedaan. Dit bespaart het bedrijf geld aan kantoorruimte en energierekeningen, en mogelijk ook aan salaris (de werknemer zal veel minder uitgeven aan brandstof, parkeren, kleding voor op het werk, lunches, enzovoort). Deze ene verandering zou zo ongeveer elk probleem in dit boek kunnen oplossen: je verandert het werk ten gunste van de mens in plaats van andersom.
- Als het mogelijk is om een werknemer op flexibele tijden te laten werken, sta dat dan toe. Zolang het werk maar op tijd af is, maakt het niet uit of het tussen negen en vijf gebeurt of niet.
- Geef heldere instructies en deadlines, en laat ze er op hun eigen manier en in hun eigen tempo mee aan de slag gaan. Je moet hun tijd niet tot op de minuut willen indelen.
- Sla geen neerbuigende toon aan tegen de werknemer met Asperger. We zijn meestal juist erg slim; dat we soms dingen niet zo snel oppikken heeft eerder te maken met een teveel aan prikkels of problemen met de zintuiglijke verwerking, wat leidt tot verwarring en de neiging om dingen te veel te analyseren.
- Als je instructies geeft, doe dan niet pedant of arrogant, alsof jouw manier de beste is. Geef leiding en daag uit in plaats van alleen te dicteren.

Kun je in je huidige baan flexibele werkafspraken maken?

Waarom voel je je ongemakkelijk als je kritisch wordt bekeken?

HOOFDSTUK 10

Polyester gevangenissen, te strakke stropdassen en de hoge-hakkenhel

Je bewust zijn van je uiterlijk hoeft niet alleen over je gezichtsuitdrukking of houding te gaan; vooral bij jonge mensen kunnen hygiëne, verzorging en gewoon leuke kleding ook een probleem vormen. Dat kan ertoe leiden dat ze worden gepest, en bijna iedereen besluit op een gegeven moment dan ook om zijn best te doen voor zijn persoonlijke stijl. Je leert zoeken naar dingen die comfortabel en mooi zijn. Tegen de tijd dat iemand met Asperger volwassen is, en soms nog veel eerder, lijkt hij een goed idee te hebben voor wat hij wel of niet mooi vindt en wel of niet kan dragen. Dat heeft hij met vallen en opstaan geleerd: zijn leven lang heeft hij getracht onprettige, overdreven drukke of afleidende kleding te (ver)dragen. Voor mensen met Asperger moet kleding vooral prettig zitten en praktisch zijn – stijl en mode komen op de tweede plaats. Dat betekent niet dat de mannelijke werknemer met Asperger in een joggingbroek naar zijn werk komt of de vrouwelijke in een hippiejurk. Integendeel, ze zullen zich gepast kleden, alleen worden er misschien dingen van hen verwacht die ze niet logisch vinden en die hun huid niet kan verdragen. Mannen met Asperger hebben vaak een hekel aan stropdassen, overhemden met kraag of stijve schoenen. Ze trekken veel liever losse kleding aan die niet te nieuw aanvoelt. Vrouwen met Asperger kunnen een aversie hebben tegen panty's en hoge hakken. De eerste zijn oncomfortabel en onpraktisch omdat ze snel kapotgaan – een enorme geldverspilling gedurende het werkende leven van een vrouw. Van werknemers wordt vaak impliciet of expliciet geëist dat ze gepaste werkkleding dragen, terwijl het niet echt nodig lijkt om je werk goed te doen.

> 'Er wordt van me verwacht dat ik schoenen met hakken draag op
> het werk, maar ik ben al een meter drieëntachtig.'
> *Diane*

De behoefte aan comfort en controle over de omgeving begint bij de huid en speelt voor iemand met Asperger zelfs een rol bij het aannemen en behouden van een baan. Een ongemakkelijk gevoel doet afbreuk aan de vreugde die hij uit zijn werk put en aan zijn vermogen om zich te focussen. Het is gewoon niet logisch om je de hele dag oncomfortabel te voelen.

> 'Ik solliciteer niet snel op banen waar een kledingvoorschrift geldt
> (bijvoorbeeld jasje-dasje). Maar als ik zo'n baan neem, leg ik me
> erbij neer omwille van het salaris.'
> *Mike*

Waarom iemand met autisme een gevoelige huid heeft, kan worden verklaard door een of alle van de volgende drie factoren: er zijn mensen die geloven dat autisme begint met een probleem in het spijsverteringsstelsel (Campbell-McBride, 2004) en dat mensen met autisme daarna voedselallergieën ontwikkelen. Die tasten alle delen van het lichaam aan, ook de huid. Stress, waarvan we weten dat die inherent is aan Asperger, draagt ook bij aan de gevoeligheid van de huid. Problemen met de zintuiglijke verwerking horen bij autisme, en aanraking van de huid is een van de zintuigen waarvoor dat geldt.

Voor sommigen speelt tijd ook een rol. Ze vinden het gewoon vervelend om te veel tijd aan hun uiterlijk te besteden: een beetje tijd prima, maar meer dan dat is overbodig. Voor anderen gaat het meer om de beslissing: het kiezen van een outfit is gewoon een andere variabele, een keuzemoment dat ze liever uit hun dagelijkse routine zouden schrappen. Daarom vinden sommige mensen met Asperger het heel prettig om een uniform te dragen, want dan kunnen ze dat hele keuzeproces overslaan. Temple Grandin heeft haar eigen 'uniform'; elke dag draagt ze dezelfde soort westernblouse met daaronder een zacht t-shirt en een zachte broek.

In zijn artikel 'Survival in the Work Place' (2008) beschrijft Stephen

Shore hoe hij elke dag op de fiets naar zijn werk bij een accountants-kantoor ging. Dat was een logische keuze: hij kon van de omgeving genie-ten, kreeg lichaamsbeweging en bespaarde tijd en geld. Voor iemand met Asperger helemaal perfect. Hoewel Shore zich omkleedde zodra hij aan-kwam, had zijn werkgever er moeite mee dat hij het gebouw in zijn wieler-kleding betrad. Hij kreeg te horen dat hij niet meer met de fiets mocht komen omdat hij in zijn 'uniform' moest binnenkomen. Drie maanden later nam Shore ontslag.

Het is een oud overlevingsmechanisme om aan de buitenkant te laten zien dat je bij een bepaalde stam hoort, en bij de stam van je kantoor (jasje-dasje) is dat niet anders. Hoewel pakken veranderen en normen ook (stropdassen zijn allang niet meer overal verplicht), zou je bij het uitstippe-len van je carrière ook rekening moeten houden met de kleding die je wordt geacht te dragen.

Tips voor de werknemer

- Laat je door het idee van een nieuwe manier van kleden niet weerhou-den om voor een baan te gaan of een baan aan te nemen. Je kunt een stijl vinden die bij je past, zonder dat je lichamelijke gevoeligheid een probleem vormt.
- Als je voor de baan die je zo fijn vindt of die je op het oog hebt een pak met een stropdas of iets vergelijkbaars moet dragen, onthoud dan dat er ook natuurlijke en lekker zittende stoffen bestaan. Misschien moet je er even wat tijd en geld in steken, maar het is nooit verkeerd om je gar-derobe eens te updaten.
- Zijden panty's voelen totaal anders dan die nylon ondingen. Ze zijn duur, maar gaan veel langer mee dan de goedkope panty's (maar je moet wel even zoeken!).
- Hooggehakte schoenen met een open neus zitten vaak veel lekkerder dan die met een dichte.
- Er bestaan ook jurken en pakken die bijna even lekker zitten als een pyjama.
- Geniet ervan om je mooi aan te kleden. Iedereen raakt dat gevoel wel eens kwijt, maar omdat ze zoveel behoefte hebben aan comfortabele

kleding zouden sommige mensen met Asperger nog het liefst de hele dag in hun badjas rondlopen als het kon. Toch wil iedereen aantrekkelijk gevonden worden, of niet soms?

- Onderneem actie. Maak een afspraak met jezelf om enige tijd te besteden aan een nieuw project: je professionele uitstraling. Je kunt nog voor aangename verrassingen komen te staan.
- Als sommige kledingstukken of attributen gewoon bij je werk horen, zoals een uniform of een helm of iets anders wat je ondraaglijk vindt, probeer dan samen met je baas naar alternatieven te zoeken. Wil je niet dat hij weet dat je Asperger hebt, dan kun je ook zeggen dat je eczeem hebt of iets dergelijks.
- Mensen met Asperger vinden het ook vaak fijn om strakke kleding te dragen, waarbij er geen lucht onder de kleding kan komen of de kleding niet langs de huid kan strijken. Dat komt doordat ze een zeer gevoelige huid hebben, maar ook doordat losse kleding afleidt doordat het iets is wat om hen heen beweegt. Als kleding het lichaam strak omspant, wordt dat als prettig ervaren, maar het moeten wel zachte stoffen zijn. Je kunt dingen onder je werkkleding aantrekken die je dat gevoel van veiligheid bieden, zoals corrigerend ondergoed, een t-shirt of een legging. Zoals eerder besproken, kun je met verschillende laagjes ook zorgen voor een aangename temperatuur.

Tips voor werkgevers en andere betrokkenen

- Klanten vinden kantooruniformiteit misschien minder interessant dan je denkt. Een steeds vaker gehoorde uitspraak is dat het personeel even divers zou moeten zijn als het klantenbestand van een bedrijf. Daardoor kunnen organisaties creatiever zijn en zelfs winstgevender worden (NAS, 2005). Zolang iemand verzorgd en representatief voor de dag komt, kan het met een beetje ruimte voor persoonlijke expressie voor werknemers aantrekkelijker zijn om voor je te blijven werken, omdat ze het naar hun zin hebben en niet alleen voor het geld. Wie verlangt er nu niet naar een beetje meer vrijheid en zelfexpressie, zowel in zijn vrije tijd als op het werk?
- Als je de werknemer met Asperger moet vragen om zich anders te kle-

den, doe dat dan alsjeblieft zo tactvol mogelijk. Benadruk de positieve punten: 'Pakken staan je echt heel erg goed,' in plaats van: 'Ben je verge-ten je pyjama uit te trekken?'

Ideeën voor zelfverbetering

Welk beeld wil je uitdragen?

Hoe kun je dat bereiken?

HOOFDSTUK 11

Met een beetje R&R kom je een heel eind: rituelen en routine

Voor mensen met Asperger is controle krijgen of houden over een situatie een middel om stress te hanteren: hoe minder stressfactoren, des te beter weten ze wat ze kunnen verwachten. Ze leven volgens een plan, voor het uur of voor de dag, en als dat plan wijzigt door iets groots of kleins hebben ze misschien geen ander plan achter de hand. Daarom houden ze meestal niet van verrassingen en kunnen ze er heftig op reageren; zelfs aangename verrassingen kunnen ergerlijk zijn. Als je de routine verandert, kun je geïrriteerd raken omdat het betekent dat je iets opnieuw moet leren en voorbereiden. Hetzelfde gebeurt als de inrichting van het kantoor wordt veranderd, onze eerste reactie is: morren. Je haalt mensen met Asperger ook niet gauw over om iets te proeven wat ze nooit hebben gegeten of een gewoonte te veranderen. Het is altijd goed om mensen uit te dagen nieuwe dingen te proberen, maar je moet wel weten wat er op het spel staat: een gevoel van veiligheid en zekerheid in een wereld die veel onrust oproept.

Dat betekent overigens niet dat we niet snel kunnen reageren of meteen instorten als er zich een crisis voordoet. In noodgevallen kunnen we heel beheerst of dapper zijn, maar we gaan steigeren als de vergadering van tien uur naar elf uur wordt verschoven.

> 'Lesgeven was ongelofelijk moeilijk voor me. Ik was meteen de draad kwijt als ik door een van de kinderen werd onderbroken. Ik kon geen orde houden.'
>
> *Ben*

Mensen met Asperger hebben vaker de behoefte om alleen te zijn dan anderen. Niet alleen om de accu weer op te laden, het is ook een controle- techniek om je, geestelijk of lichamelijk, terug te trekken uit sociaal contact:

> Door zich in zijn eigen gedachten terug te trekken kan iemand zijn omgeving afbakenen om weer het gevoel te krijgen er grip op te heb- ben. 'Als ik me niet bezighoud met de wereld, heb ik controle over mijn eigen kleine wereld', zo kan de gedachtegang luiden (Nelson, 2009).

Een andere vorm van controle is georganiseerd zijn. Je weet waar alles ligt zodat er geen tijd verloren gaat aan verwarring, vertwijfeling en zoeken. Als er minder variabelen zijn, is er ook minder stress. Vandaar de praktische aard van rituelen; sommige mensen moeten steeds hetzelfde eten of naar dezelfde winkels gaan. Wat het ook is, het is een bron van troost en veilig- heid en weer een beslissing minder om te nemen.

> **'Mijn ergste baan was bij een schilderbedrijf. We wisten nooit waar we die dag naartoe moesten. Ik vind het prettig om elke dag naar dezelfde plek te gaan.'**
>
> *Brian*

Veel mensen met Asperger beschikken over verschillende, zelf aangeleerde vaardigheden en een vindingrijkheid die ze hard nodig hebben in een voor hen vreemde wereld. Daardoor leren ze op zichzelf vertrouwen. Ze kunnen voor zichzelf werken of een eigen onderneming (of meerdere) hebben, ook al werken ze voor anderen. Een van de nadelen van alleen werken en 'vele petten' ophebben, is dat je door het gebrek aan samenwerking met ande- ren ook geen vertrouwen kunt opbouwen in hun vaardigheden. Denk aan mensen die kwaliteiten hebben die jij niet hebt, zoals brandweerlieden, chirurgen, wie dan ook, en onthoud dat je anderen nodig hebt.

Ook al willen mensen met Asperger graag de vrijheid krijgen op hun werk, routine is enorm rustgevend voor hen. Misschien moeten ze dan ook hun routine hebben om enige grip te krijgen op de manier waarop ze hun werkuren besteden (zie ook hoofdstuk 9, 'Echt, ik heb Asperger'). Mensen die van controle houden, worden niet altijd graag gecontroleerd. Dat vertaalt zich in de behoefte aan flexibiliteit van de werkgever, dus de vraag naar een eigen werkplek, vanuit huis werken, flexibele werktijden of flexibele pauzes. Zoals ook bij andere zintuiglijke problemen het geval is: alles wat ze zelf kunnen doen om grip op hun wereld te krijgen is al een stap in de goede richting.

Controle kan een deel zijn van de perfectionistische neiging waar we het eerder over hadden. Mensen met Asperger willen ergens goed in zijn: ze houden zich aan wat ze goed doen, of doen uitsluitend dat wat werkt, en durven het risico niet te nemen om nieuwe dingen uit te proberen uit angst dat het misschien niet werkt.

De persoon met Asperger moet wel oppassen: de behoefte aan controle en het strikt volgen van rituelen en routine kunnen worden aangezien voor koppigheid. Als mensen te vaak controle willen uitoefenen, kan dat ertoe leiden dat hun mening niet zomaar geaccepteerd wordt en dat ze niet meer serieus worden genomen. Hier is een voorbeeld uit mijn eigen leven: mijn baas kondigde aan dat het systeem zou worden vervangen door een nieuwe technologie. Na een korte beschrijving van het nieuwe systeem te hebben aangehoord zei ik dat ik het niet wilde. Ik zag direct eventuele, ernstige tekortkomingen voor me en begreep niet waarom ik de enige was die dat zag. Ik werd ervan beschuldigd een controlfreak, lui, en bang voor technologie te zijn. Het systeem werd ingevoerd en ik weigerde het te gebruiken. Ik kreeg gelijk: het werd een fiasco en het bedrijf koos voor weer een ander, beter systeem waar ik geen moeite mee had. Maar door dat ene incident had mijn relatie met mijn baas en directe leidinggevende echter wel blijvende schade opgelopen. Afgezien van het feit dat ik erom bekendstond me te verzetten tegen veranderingen en de controle te willen houden, kwam het door de manier waarop ik mijn twijfel uitte. Door mijn uitspraken 'Ik doe het niet' en 'Het is geen goed idee' kwam ik koppig en bot over en zag niemand dat er een kern van waarheid in mijn visie zat, sterker nog, dat die zelfs klopte. Het was een klassieke combinatie van starheid en botheid, en een perfecte illustratie van 'het gaat er niet om wát je zegt, maar hóé je het zegt' – hiermee boek je resultaten. Het is ook een illustratie van hoe mensen uit het spectrum kunnen worden onderschat en verkeerd begrepen met nadelige gevolgen voor iedereen.

Tips voor de werknemer

- Kijk naar jezelf. Verander hoe dan ook af en toe je routine, of het nu gaat om wat of waar je eet, wat je aantrekt, hoe je eruitziet, hoe je naar je werk rijdt, wat je op zondag of voor het slapengaan doet. Schud de boel eens een beetje op.
- Als je bij vrienden, familie of zelfs in de buurt van je huisdier bent, houd dan in de gaten hoeveel controle je uitoefent over anderen. Als je de touwtjes te strak in handen wilt houden, kan het heel moeilijk worden om gezonde relaties te onderhouden. In de film *As Good As It Gets* (1997), is schrijver Melvin, gespeeld door Jack Nicholson, een klassiek geval van iemand met hoogfunctionerend Asperger. Afgezien van het mierzoete einde dat zo typerend is voor Hollywoodfilms wordt de behoefte aan controle prachtig geïllustreerd en is het de zit van twee uur zeer de moeite waard.
- Heb vertrouwen in je eigen kunnen en leer voet bij stuk te houden wanneer dat nodig is, maar werk aan de manier waarop je dingen overbrengt (zie de hoofdstukken over communicatie).
- Als je voor anderen een deskundige bent, moet je zelf leren delegeren zonder de ander voortdurend kritisch te bekijken. Laat de controle af en toe varen. Denk aan een chef-kok in een restaurant: je loopt toch ook niet de keuken binnen om hem op zijn vingers te kijken? Als het personeel goed is opgeleid, leveren ze vast ook goed werk af.

Tips voor werkgevers en andere betrokkenen

- Besef dat inflexibiliteit en controlezucht van de werknemer met Asperger copingmechanismen zijn.
- Probeer onderscheid te maken tussen een controleprobleem en een goed idee.
- Als je grote veranderingen gaat doorvoeren, moet je die niet zomaar vanuit het niets onder hun neus duwen. Werk ernaartoe en geef ze een beetje tijd om aan het nieuwe idee te wennen voordat de verandering

ook daadwerkelijk gaat plaatsvinden.

- Als ze morren, moet je dat niet persoonlijk opvatten of denken dat ze lui zijn. Het is gewoon een manier om stoom af te blazen en de stress kwijt te kunnen die ontstaat doordat ze een nieuw plan moeten opstellen.

Schrijf op op welke manieren of in welke situaties je je gewoontes kunt veranderen of de controle kunt laten varen.

Wanneer heb je voor het laatst echt iets spontaans gedaan?

Wat gebeurde er?

HOOFDSTUK 12

Niet zeggen van wie je het hebt, maar...

Mensen met Asperger vormen vaak het onderwerp van roddel. Omdat ze niet kunnen of willen socialiseren, geen babbeltjes maken en evenmin alle andere kleine tekens van normaalheid vertonen (wat betreft spreken, bewegen, gebaren), steken ze af tegen de rest waardoor mensen gaan speculeren, vooral als men niet weet dat ze Asperger hebben.

> 'In het vacuüm dat ontstaat wanneer men onwetend is over wat
> er speelt in iemands leven, zal er worden gespeculeerd en
> ontstaan er geruchten. Dat kan ook voortvloeien uit het idee dat
> speculaties – het draaiende houden van de geruchtenmolen –
> helpen om de waarheid boven tafel te krijgen, dus goed zijn.'
>
> *Lewis*

Het begint vaak al vroeg in het leven en kan doorgaan tot we volwassen zijn; het kan onze carrières binnensluipen of zelfs in de war schoppen en onze gemoedsrust op het werk verstoren. Een rustige, afgescheiden werkplek kan zintuiglijke afleidingen en stoorzenders buiten houden en de sociale omgang tot een minimum beperken, maar het zal mensen er niet van weerhouden om te doen wat ze doen.

> 'Ook al bemoei je je nergens mee, je valt nog steeds uit de toon en
> mensen doen alsof jij het probleem bent.'
>
> *Dr. G.*

Mensen met Asperger die collega's hebben die hun eigenaardigheden accepteren, merken dat ze zich in de loop van de tijd steeds meer op hun gemak gaan voelen. Sommige geïnterviewden hadden al vele jaren tot grote tevredenheid dezelfde baan. De meesten waren het echter eens met de uitspraak 'onbekend maakt onbemind'. Een tijdlang succesvol doen alsof we normaal zijn vergt heel veel van ons en wordt op den duur extreem vermoeiend. We raken sowieso al uitgeput door de dagelijkse blootstelling aan anderen en de overprikkeling: zo houden we het niet de hele tijd vol om niet onszelf te zijn. Zodra onze façade (het aangeleerde gedrag) scheurtjes begint te vertonen, voelen we dat anderen proberen uit te dokteren hoe wij in elkaar steken; we hebben het gevoel dat we in de gaten worden gehouden, dat we niet aardig worden gevonden (en natuurlijk gaat het dan over persoonlijke dingen en niet over onze werkprestaties). We voelen ons kwetsbaar en bekeken. Het ongemakkelijke gevoel dat daardoor ontstaat, de gêne om anders te zijn, is een vicieuze cirkel: hoe meer we ons terugtrekken, hoe verdachter we onszelf maken of hoe minder aardig we worden gevonden.

> 'Ik merk dat ik met vreemden beter over koetjes en kalfjes kan praten, hoewel ik nog steeds vaak de verkeerde dingen zeg... dat is nog meer het geval wanneer het om mensen gaat met wie ik uren, dagen en weken doorbreng, omdat het me niet lukt om te integreren en met hen om te gaan zoals zij met elkaar omgaan. Dan gaat mijn onaangepastheid pas echt opvallen.'
>
> *Dr. G*

> 'Eerst is iedereen altijd aardig. Wanneer mensen je leren kennen of denken dat ze je leren kennen, gaan ze op je inhakken.'
>
> *William, 30 jaar, zelfstandig landschapsarchitect*

> 'Je lijdt niet aan Asperger, je lijdt aan andere mensen.'
>
> *Tony Attwood (2008)*

De kenmerken van Asperger gaan vaak meer opvallen als iemand zich slecht op zijn gemak, impopulair of onbegrepen voelt. Dat is voor de meesten een grote bron van stress en verdriet, ook al zeggen ze dat het hen niets kan schelen... De voortdurende worsteling om geaccepteerd te worden, of op zijn minst niet op een negatieve manier op te vallen, is van invloed op de werkprestaties omdat het ten koste gaat van het zelfvertrouwen. Hoe intelligent, bekwaam en vriendelijk je ook bent, als mensen je overal waar je komt verkeerd begrijpen en vervolgens niet aardig vinden, heeft dat een cumulatief effect: je bereidheid om het nog eens te proberen neemt af en je krijgt steeds minder plezier in je werk.

'Ik vind dat ik de leukste baan heb die er bestaat. Alleen word ik hier omringd door groepsdieren die me behandelen als de dorpsgek.'

Scott

Tegen je collega's en werkgever zeggen dat je Asperger hebt, is geen garantie dat ze je zullen begrijpen, tenzij ze echt de tijd nemen om je te leren kennen en bereid zijn boeken over Asperger zoals deze te lezen. Het is niet iets wat je zo een-twee-drie kunt doorgronden; alleen door een combinatie van veelvuldige, langdurige interactie, aandachtig observeren en onderzoeken kun je echt inzicht krijgen in het syndroom. Er was onlangs een meisje met Asperger dat weken achter elkaar in een populair Amerikaans televisieprogramma te zien was. Het meisje zat in een huis met verschillende andere jonge meisjes, en ze werd al snel het mikpunt van achterdocht, roddel en spot onder haar huisgenoten, ook al hadden ze te horen gekregen dat ze een milde vorm van autisme had. Of het nou tienermeisjes of volwassenen zijn, jong, oud, met opleiding of zonder, roddelen is inherent aan de mens.

'Ik heb vrij veel ongeschoold werk gedaan, en daar krijg ik hetzelfde soort reacties als in kantoren, behalve dat het niveau wat lager is.'

Dr. G.

> '**Een babbeltje maken, grappen, een houding aannemen,**
> **verwachtingen, elkaar steeds de loef afsteken, kleineren, roddelen**
> **en verkapte vernederingen. Het is zo pijnlijk, ik word er altijd door**
> **overvallen ook al ben ik voortdurend op mijn hoede.'**
>
> *Rylee, vrouw, in de vijftig, afgestudeerd aan de kunstacademie, werkloos*

Vrouwen met Asperger kunnen net als hun mannelijke tegenhangers een soort kinderlijke onschuld hebben. Mensen verwarren de emotionele naïviteit van een vrouw met Asperger vaak met geflirt, overspel, onvolwassen gedrag, enzovoort. Daardoor is ze vaak kwetsbaar voor mannen met verkeerde bedoelingen en kantoorroddel, terwijl ze geen flauw benul heeft van wat ze verkeerd heeft gedaan of doet. Mensen met Asperger zijn zich niet altijd bewust van zichzelf: terwijl ze gepreoccupeerd zijn met het ene zijn ze niet in staat om het andere te bevatten.

> '**Ik had de reputatie een enorme flirt te zijn, iedere vent wilde me,**
> **maar mijn vijfjarige geest begreep maar niet waarom.'**
>
> *Mia*

Is de sfeer op het werk eenmaal gespannen, dan betekent dat voor de persoon met Asperger meestal het begin van het einde. Veel mensen met Asperger zeggen hun baan op, hoezeer ze ook genieten van het werk dat ze doen, omdat ze niet overweg kunnen met hun collega's. Niet omdat ze zelf problemen veroorzaken, maar omdat ze een mikpunt van wantrouwen en roddel en het slachtoffer van politieke spelletjes zijn geworden.

Maar hoewel dit boek anders doet vermoeden, is het beslist niet allemaal kommer en kwel voor de persoon met Asperger.

> '**Ik word beschouwd als een van de aardigste en evenwichtigste**
> **werknemers die er zijn, ook al ben ik dan niet zo'n prater. Meestal**
> **accepteren mijn collega's mijn eigenaardigheden gewoon. Ik accepteer de**
> **meeste mensen ook zoals ze zijn.'**
>
> *Gavin*

'Mijn favoriete baan? Dat was als caissière in een natuurwinkel,
omdat alle collega's daar heel gemoedelijk en niet kritisch waren,
sommige waren al even excentriek als ik.'

Rylee

In wat voor soort omgeving zouden we willen werken?

'In een warme, ontspannen omgeving. Met leuke mensen die
niemand veroordelen. Dat mensen niet naar je kijken alsof je
hoofd al op het hakblok ligt.'

Rick, verkoper, in de vijftig

Tips voor de werknemer

Roddelen is mens eigen. Het is van alle tijden en zal nooit verdwijnen, tenzij de mensheid evolueert tot een nieuwe soort van heiligen. Maar hoe ga je er tot die tijd mee om?

- Doe niet mee met het geroddel van anderen. Je wordt heus niet toegelaten tot de club van neurotypische collega's als je roddelt. En bovendien, roddels kunnen zich niet verspreiden als mensen ze niet doorgeven.
- Zelfs als je niet roddelt, kan er nog wel over jou worden geroddeld. Je hoeft geen geruchten door te geven om daar zelf het onderwerp van te worden. Let dus op wat je zegt en geef geen geheimen of persoonlijke informatie prijs. Als de geruchtenmachine gaat haperen, zullen mensen alles aangrijpen, ook wat je ze ooit in het verleden hebt verteld.
- Ben jij het mikpunt van kantoorroddel geworden, ga dan niet naar de aanstichters toe om te vragen of ze daarmee ophouden. Als je alleen bent met degene die een roddel de wereld in heeft geholpen, zeggen ze het ene tegen jou en iets heel anders tegen de rest. Als ze een leugen over jou hebben verspreid, waarom zouden ze dan nu stoppen met liegen? Ze zullen de waarheid gewoon weer in hun voordeel verdraaien. Je geeft ze dan alleen maar meer om over te praten.
- Je kunt naar het management stappen, maar dat werkt niet altijd.
- Negeer het, dan gaat het weg. Misschien. Maar als dat niet werkt...

- Ontken de roddel in het openbaar. Als het om een leugen of valse beschuldiging gaat, moet je jezelf met alle middelen verdedigen. Als het geroddel op intimidatie gaat lijken, staan je baan en je gezondheid op het spel; dat wordt in het volgende hoofdstuk besproken. Zodra een redelijk aantal collega's bij elkaar zit, kun je iets zeggen als: 'Ik weet dat er iemand is, wie precies weet ik niet, die dingen over me zegt. Ik wil dat iedereen in deze ruimte weet dat die geruchten totaal niet waar zijn. Ik zou het op prijs stellen dat jullie het dan ook niet geloven, mocht je het van iemand horen. Voor de persoon in kwestie, wie hij of zij ook is, ik weet niet waar je de informatie vandaan haalt of wat je ermee hoopt te bereiken door die walgelijke leugen over me te verspreiden, maar je hebt het bij het verkeerde eind en ik zou het op prijs stellen als je ermee stopt. Bedankt voor jullie tijd.'

  De mensen op je werk zullen wel een beetje geschokt zijn, maar het geroddel zal zich nu van jou naar de aanstichter verplaatsen. Je hoeft niet bang te zijn om ontslagen te worden omdat je een scène hebt geschopt, tenzij er klanten bij waren. Je baas zal waarschijnlijk blij zijn dat je het zonder zijn of haar hulp hebt afgehandeld. Het is netjes dat je de aanstichter niet bij naam noemt, jij zult mensen niet in het openbaar vernederen, ook al doen ze dat zelf wel. Iedereen zal meteen weten over wie het gaat, en daarna zal niemand hem of haar nog vertrouwen. Mensen weten misschien al dat je Asperger hebt of dat je anders bent dan anderen, maar nu zullen ze ook weten dat je niet dom bent; dat je jezelf respecteert en sterk bent. Misschien werkt het niet in alle situaties en bij iedereen, maar het is iets wat je in je arsenaal moet hebben mocht de gelegenheid zich voordoen.

- Wordt er alleen maar over jou gespeculeerd, dan kun je overwegen om te vertellen dat je Asperger hebt. Als je door je gedrag zo anders bent dat het de tongen in beweging brengt, dan kan de nieuwe informatie ze een referentiekader geven, of op zijn minst een aanknopingspunt om inzicht te verkrijgen, waardoor ze hopelijk niet langer zullen proberen 'het vacuüm op te vullen'.

- Onthoud dit goed: het accepteren van anderen en niet op hen afgeven werkt beide kanten op.

- Zelfs al vraag en krijg je je eigen werkruimte, je zult nog steeds af en toe met anderen moeten omgaan. Muren houden niet alles buiten, zeker geen verderfelijke sfeer. Je zult stukje bij beetje moeten leren om voor jezelf op te komen. Dat is niet gemakkelijk en kan ook pijnlijk zijn, probeer dus het risico tot een minimum te beperken door je baan zorgvuldig te kiezen. Daarover praten we verder in hoofdstuk 15, 'Werken met aangeboren talenten en interesses', hoofdstuk 17, 'Asperger en opleiding: een ongelukkige liefde?' en in het gedeelte achter in dit boek, 'Hulpmiddelen': *De perfecte baan voor jou: je persoonlijke* werkplan.

Tips voor werkgevers en andere betrokkenen

Roddelen mag dan menselijk zijn, het is niet bepaald iets om trots op te zijn. De ene roddel kan ook geniepiger zijn dan de andere, vooral wanneer het boosaardig of laster is.

- Moedig geroddel op het werk niet aan. Als jij, als werkgever, werknemers zomaar negatieve dingen laat zeggen over collega's (en daarvan afweet), ben je het in wezen met hen eens. Je bevestigt daarmee hun negatieve mening over de persoon in kwestie. Er is maar één goede ziel nodig om de sfeer enorm ten goede te doen veranderen.
- Spreek positief tegen en over de werknemer met Asperger. Iedereen weet nog hoe kliekvorming op de middelbare school ontstond. Er was altijd iemand, meestal een pestkop maar niet altijd, die de macht had je te maken of te breken, door je af te wijzen of juist te accepteren. Als jij als gezaghebbend figuur iets positiefs over die persoon zegt (bijvoorbeeld 'Het is zo'n harde werker', 'Ze heeft geweldige ideeën' of zelfs maar 'Hij is zo verschrikkelijk aardig') dan beginnen andere werknemers misschien ook met andere ogen naar hem of haar te kijken. Je kunt het vacuüm opvullen door positieve waarheden over iemand uit te spreken voordat er negatieve onwaarheden in kunnen sluipen. Maar je zult het snel moeten doen, zodra je de eerste tekenen van speculatie of uitsluiting waarneemt. Zoals Winston Churchill zei: 'Een leugen reist de halve wereld af voordat de waarheid de kans heeft om zijn broek aan te trekken.'
- Help de persoon met Asperger een handje wanneer hij of zij probeert mee te doen aan gesprekken. Ga niet lachen wanneer iemand een

onhandige poging doet om gezellig te doen en doe ook niet mee aan gesprekken over hun vreemde doen en laten.

- Ken de kracht van compassie. Iemand met Asperger doet hard zijn best en voelt zich waarschijnlijk vaak eenzaam door het onbegrip waar hij of zij mee te maken krijgt.
- Hoe meer mensen met Asperger zich bij je op hun gemak voelen, hoe opener ze zullen worden en gemakkelijker en ongedwongener jullie omgang zal zijn.
- Als je werknemer met Asperger zijn eigen ruimte krijgt, worden de interacties tot een minimum beperkt.

Schrijf op welke strategieën je zelf hebt om een eind aan roddels te maken.

Wat heeft voor jou in het verleden gewerkt?

Wat niet?

HOOFDSTUK 13

De hoge prijs van laag gedrag

Pesten gebeurt overal, het lijkt wel in ons DNA ingesleten. Waarom zou een werkgever de tijd en moeite nemen er iets tegen te doen? Binnen bedrijven, kleine ondernemingen en de maatschappij in het algemeen mag dan een 'survival of the fittest'-mentaliteit heersen, de waarheid is dat de 'survival' van de pestkop werkgevers geld kost, heel veel geld: aan ziekteverlof, een hoog personeelsverloop en een verlies van productiviteit. Dit is in de afgelopen jaren aan het licht gekomen door onderzoeken als de WBI-Zogby Workplace Bullying Survey (2007), waaruit bleek dat zevenendertig procent van de Amerikanen op het werk is gepest. In Nederland wordt ongeveer tien procent van de werknemers gepest, volgens onderzoek van TNO en CBS (2009). Pesten op het werk wordt als volgt omschreven:

'Herhaalde, boosaardige, de gezondheid ondermijnende mishandeling van een werknemer door een of meerdere andere werknemers' (Namie & Namie, 2003).

Pesten kan vele vormen aannemen, zoals valse beschuldigingen, vijandige opmerkingen of handelingen, schreeuwen, iemand buitensluiten en doodzwijgen, beledigingen en buitensporige kritiek, en onredelijke werkvereisten door leidinggevenden. Pesten leidt vaak tot de drastische beslissing om ontslag te nemen voor het behoud van de lichamelijke en geestelijke gezondheid (Keashly & Jagatic, 2003).

Of het doelwit nu Asperger heeft of niet, pesten kan angst, isolement, wantrouwen, schaamte, vernedering, wrok en vijandigheid veroorzaken.

Het is van invloed op iemands werkprestaties doordat hij of zij bijvoorbeeld fouten gaat verhullen of angstvallig uit de aandacht probeert te blijven. Hij speelt op veilig en is liever middelmatig. Zijn inzet is minder en daarmee ook het enthousiasme dat hij voor het werk heeft. Pesten kan de bekende lichamelijke verschijnselen tot gevolg hebben die met stress te maken hebben: klinische depressie, hoge bloeddruk, hart- en vaatziekten, een slecht werkend immuunsysteem en posttraumatische stress (Yamada, 2007).

Mensen met Asperger vormen een gemakkelijk doelwit omdat ze niet snel doorhebben dat ze gepest worden.

> **'Ik wist nooit precies wanneer een collega iets deed wat niet door de beugel kon, dus onderging ik het maar.'**
>
> *Ben*

Bijna iedereen die ik voor dit boek heb gesproken is wel eens op het werk gepest. Soms ook fysiek.

> **'Een meisje op het werk trok mijn stoel onder me vandaan. Maanden later bleek ik een scheurtje in een tussenwervelschijf te hebben, maar niemand wilde het verband met dat incident leggen – op mijn werk niet, maar ook de huisarts niet. Ik heb nog steeds voortdurend pijn.'**
>
> *Mia*

> **'Ik dacht iemand ergens mee te helpen, maar hij gooide een nietmachine naar me in plaats van me te bedanken. Een andere kerel greep me bij mijn das en sneed me bijna de keel door met een stanleymes. Ik dacht echt dat hij me had gesneden. Ik had die vent een paar maanden daarvoor nog een paar keer uit lastige situaties geholpen. Hoe minder ontwikkeld en lager geschoold, hoe moeilijker het tussen ons lijkt te gaan. Ik weet niet hoe het mogelijk is dat ik zulke haat oproep bij sommige types. Bij beide gelegenheden had ik totaal niet door dat er een probleem was of zelfs maar dat ze me niet mochten. Ik was totaal overdonderd.'**
>
> *Walter*

> '**Meestal zijn er genoeg supporters en *picadores* om toe te kijken**
> **terwijl de *matador* doet wat zo gemakkelijk is bij een stier met**
> **Asperger. Hoger opgeleide mensen zijn alleen minder direct en**
> **minder agressief in hun manier van pesten.**'
>
> *Dr. G.*

Stel je voor hoe het voor mensen met Asperger moet zijn om, boven op de reeds aanwezige angst en PTSS en hun respons van vechten-of-vluchten op sociaal contact, ook nog eens gepest te worden op het werk. Dat kan zulke traumatische vormen aannemen dat iemand er ernstig ziek van wordt en zich liever helemaal uit de maatschappij terugtrekt. En natuurlijk heeft dat desastreuze gevolgen voor hun werk en hun carrière. Het kan erin resulteren dat zeer waardevolle, intelligente mensen niet deelnemen aan het arbeidsproces, dat ze afhankelijk zijn van een uitkering of een inkomen bij elkaar scharrelen dat onder de armoedegrens ligt.

> '**Voor mij betekent werken dat ik gepest en mishandeld word, het**
> **betekent wrede politiek, isolement, het zwarte schaap zijn,**
> **teleurstelling en ziekte. Ik heb een goede opleiding genoten, maar**
> **het lukt me niet eens om werk te houden waar ik het**
> **minimumloon voor krijg.**'
>
> *Allison*

De boosdoener hoeft niet altijd een collega te zijn.

> '**Mijn baas in de winkel had een opvliegend karakter. Hij dacht dat**
> **klanten het prettig vonden wanneer de bedrijfsleider de**
> **werknemers afsnauwde. Hij dacht dat ze dan eerder zouden**
> **geloven dat hij problemen kon oplossen.**'
>
> *John*

> '**Mijn baas blafte steeds: "Wat is je probleem?" zodra ik ergens**
> **even over na moest denken. Hij maakte me belachelijk omdat ik**
> **aantekeningen maakte. Ik werd na drie weken ontslagen omdat**

ze zeiden dat ik er niet bij paste, mijn karakter stond ze niet aan.
Ik was te langzaam en te "timide" bij klanten. Een van de meest
vernederende banen die ik ooit heb gehad.'

Allison

'Ik werd hard aangepakt en kreeg bedekte bedreigingen van de
managers. Als ik onder druk sta, kan ik heel moeilijk rustig blijven.
De tactieken die ze gebruikten, waren extreem frustrerend en
ellendig. Ik kan niet meer praten of functioneren wanneer ik me
bedreigd voel, en ik word er heel onrustig van.'

Sean

Tips voor de werknemer

- In de vs zijn Gary en Ruth Namie zijn een organisatie begonnen, *The Workplace Bullying Institute*, die hulp en informatie biedt. Volgens de Namies zijn er belangrijke stappen die je kunt en moet ondernemen om jezelf te beschermen als je op je werk wordt gepest. Hun website staat achter in dit boek vermeld bij Bronnen.
- Als het pesten eenmaal begonnen is, is het heel gemakkelijk om je een slachtoffer te voelen en je terug te trekken uit angst dat de situatie alleen maar erger wordt als je voor jezelf opkomt. Mijn ervaring en de ervaring van de geïnterviewden is dat je echt niets te verliezen hebt wanneer het patroon eenmaal is ingezet. Doe wat je moet doen om jezelf juridisch te beschermen. Vergeet niet dat je het recht hebt om zonder angst voor lichamelijke en geestelijke intimidatie of pesterijen te werken. We mogen dan de neiging hebben om onszelf de schuld te geven en te denken dat we het wel verdiend zullen hebben, maar dat is onterecht: de blaam treft alleen diegenen die zich schuldig maken aan dergelijk pestgedrag.
- Fysieke pesterijen mogen onder geen beding worden getolereerd. Meld een incident altijd direct bij de desbetreffende partijen, personeelszaken, bazen, artsen of indien nodig de politie, en eventueel ook aan een advocaat. Hoewel we er uit angst voor vergelding voor terugdeinzen om namen te noemen, zul je wel moeten, anders kan niemand je helpen. Ook al is

het niet aan jou om te bepalen wat er met de boosdoener gebeurt, je hoort op zijn minst de geruststelling van je bazen te krijgen dat het niet meer zal gebeuren. Misschien word je gecompenseerd, maar dat hangt van meerdere factoren af, zoals de ernst van het incident en de wetten die in jouw situatie gelden.

- Wees zo dapper en zelfverzekerd mogelijk wanneer je zoiets naars meemaakt. Je hebt het recht op een veilige werkomgeving. Verontschuldig je niet voor het 'veroorzaken van een probleem', want jij hebt het probleem niet veroorzaakt.

Tips voor werkgevers en andere betrokkenen

- Voer een zerotolerancebeleid voor wat betreft pesten en intimidatie, in daad en geschrift. Je moet meer doen dan alleen lippendienst bewijzen aan dit beleid, je moet ook doen wat je belooft. Pesten en intimidatie kost je geld en maakt het leven van het slachtoffer tot een hel.
- Realiseer je dat pesten op zich al rampzalige gevolgen kan hebben, maar dat het voor iemand met Asperger extra moeilijk is, omdat hij niet meer helder kan nadenken wanneer hij onder vuur ligt.
- Naast de 'vechten-of-vluchten'-reactie op sociaal contact, vertonen we soms ook de zogenaamde 'freeze'-respons: in dat geval verstijven we als een hert in het licht van een paar koplampen. Zo zijn we totaal niet in staat om onszelf verbaal of lichamelijk te verdedigen.
- Organisaties en mensen zoals ondergetekende geven maattrainingen over dit onderwerp. Omdat autisme steeds vaker voorkomt, zouden trainingen ter bevordering van de bekendheid met en het begrip voor autisme verplicht gesteld moeten worden, net zoals dat met voorlichting over seksuele intimidatie is gebeurd. Neem contact op met de desbetreffende instanties om te informeren of zoiets bij jou in de buurt wordt gegeven of dat er consultants bij jou in de buurt werkzaam zijn.
- Er is nog onvoldoende wetgeving wat betreft pesten op de werkplek, maar misschien is dat in de nabije toekomst wel het geval. Werk daaraan mee door een gesprek aan te gaan met de pestkoppen in je bedrijf, als je weet wie dat zijn. Misschien zijn het wel je beste vrienden. Misschien lunchen of golfen jullie met elkaar. Zet je persoonlijke voorkeuren even

opzij, omdat die je meer geld kosten dan je lief is. Zeg dat ze moeten ophouden zich zo tegen de werknemer met Asperger te gedragen omdat ze anders niet langer voor het bedrijf kunnen blijven werken. Niets komt beter over dan dat. Geef ze iets over Asperger te lezen, dit boek bijvoorbeeld, of laat ze een keer met een deskundige praten. Adviseer ze om zelf ook hulp te zoeken, omdat er waarschijnlijk een reden is voor hun gedrag. Je kunt meer mensen helpen dan alleen de persoon met Asperger. Jouw houding heeft een stevige economische en morele grond.

- Houd vol. Pestgedrag heeft diepe wortels, en mensen veranderen niet van de ene op de andere dag. Net als verslaafden kunnen ook pestkoppen weer in hun oude gedrag vervallen zodra ze eenmaal het gevoel hebben dat het crisispunt gepasseerd is en dat er niet meer op hen wordt gelet.

- Kijk eens eerlijk naar je eigen gedrag ten opzichte van de slachtoffers van pesterijen in je bedrijf. Ben je uit angst of onder druk zelf ook een pester geworden? Mensen denken nooit dat ze zelf de pester zijn, maar als je een kort lontje hebt, oneerlijk bent, als je je werknemer belachelijk hebt gemaakt of hebt beledigd, dan heb jij je er misschien ook wel eens schuldig aan gemaakt. Het advies aan de pester zou dan ook op jou van toepassing zijn: probeer aardig te zijn voor je slachtoffers, zie de positieve kanten in hen, praat rustig en discreet met hen. Zeg dat je je gedrag hebt veranderd. Zoek hulp voor wat het ook is waardoor je je zo gedraagt. Houd je ook aan al die dingen, omdat je jezelf in de loop van de tijd moet blijven bewijzen. Als je iemand ooit hebt gepest of geïntimideerd, zal diegene dat nooit vergeten. Het zal een tijd duren voordat ze je weer vertrouwen. Dit klinkt misschien als een advies dat je aan een kind zou geven, dat klopt: pesten is ook nogal kinderachtig.

- Er zijn veel goede boeken te koop om je te helpen je leiderschaps- en managementvaardigheden weer op te poetsen. 'Vernederen en vervreemden' komt in die boeken niet als leiderschapskwaliteit aan de orde.

Schrijf op hoe je denkt over pesten en strategieën ter voorkoming en bestrijding ervan.

Wat werkte en wat niet?

HOOFDSTUK 14

De kracht van complimenten

Omdat ze de subtiele signalen niet altijd oppikken, hebben mensen met Asperger positieve bekrachtiging of beloning nodig om te weten wanneer ze iets goed hebben gedaan en dat ze op het juiste spoor zitten. Een goede, behulpzame baas kan alle verschil in de wereld maken. Als je werknemer iets goed heeft afgemaakt, zeg dat dan ook, ook al lijkt het onbelangrijk voor je. Complimenten over kleine dingen – 'Je bent de meest stipte werknemer die we hebben', 'Heel goed zoals je die opdracht hebt afgehandeld' of 'Het nieuwe opbergsysteem werkt echt veel beter dan het oude', is goed voor hun zelfvertrouwen. Meer zelfvertrouwen betekent meer motivatie en een gelukkigere, productievere werknemer.

Zoals je in elk boek over effectief management kunt lezen, is het beter om mensen te belonen om wat ze goed doen dan ze te straffen om wat ze fout doen. Leiding en bijsturing zijn te verkiezen boven vernedering en minachting. Het lijkt een open deur, maar toch kiezen veel bazen voor de twee laatste. Het zijn pesttactieken (zie het vorige hoofdstuk) en een werkgever moet niet denken dat hij daarmee op de lange termijn de gewenste resultaten zal behalen.

De kracht van complimenten mag nooit worden onderschat, maar moet juist gecultiveerd worden:

'Er is lang niets mee gedaan door managers, maar complimenten geven kan een zeer bruikbare methode zijn om een werknemer het gevoel te geven dat hij waardevol is. In talloze gevallen is gebleken dat de productiviteit daar enorm van stijgt' (HR Village, 2009).

Beloningen achteraf voor geleverd werk helpen niet om iemand tijdens het proces aan te moedigen:

> 'Het bedrijf moet meer doen dan naar het eindresultaat kijken en prestaties belonen. Leiders moeten hun managers en leidinggevenden aanmoedigen om werknemers tijdens het werk actief te betrekken en wenselijk gedrag positief te bekrachtigen, in real time' (Pounds, 2008).

Positief bekrachtigen is nog belangrijker bij mensen met Asperger, omdat we vaak ook perfectionistisch zijn:

> 'Mensen die Asperger hebben en ook nog perfectionistisch zijn, kunnen extreem gevoelig zijn voor kritiek en bang om fouten te maken. Je kunt ze helpen een realistischere kijk op hun eigen prestaties te krijgen door te benadrukken wat er goed ging. Geef hen altijd op een positieve manier bevestiging en laat hen weten hoe goed ze het doen' (De Vries, 2007).

> **'Het schoolhoofd zei zelden iets tegen me, maar als ze dat deed, gaf ze me een standje waar de studenten bij waren. Als de baas neerbuigend tegen me doet, tegen me schreeuwt (als we alleen zijn of waar anderen bij zijn), geloof ik niet dat het nog goed komt.'**
>
> *Ben*

Het is ook belangrijker omdat mensen met Asperger al het gevoel hebben dat iedereen 'over een script lijkt te beschikken', terwijl zij het maar moeten uitzoeken. De onzekerheid die het gevolg is van het onvermogen om gezichtsuitdrukkingen, stemklank en lichaamstaal te lezen wordt getemperd door positieve complimenten wanneer iets goed wordt volbracht, ook wanneer het maar om kleine dingen gaat.

> **'Met mijn huidige baas is niets mis. Hij zegt dat zijn winkel er zo goed uitziet dankzij mij.'**
>
> *Rick*

Als dit veelgevraagd lijkt, bedenk dan dat mensen met Asperger geen on-realistische verwachtingen van hun baas lijken te hebben:

'Hij/zij zou een vriendelijk, hoffelijk karakter hebben.'
'Hij/zij zou zichzelf als een medewerker beschouwen en zich niet ach-ter zijn functie verstoppen.'
'Iemand met begrip voor mijn beperkingen en realistische verwachtin-gen.'

Mensen met Asperger die een poging doen om het syndroom te begrijpen, zijn zich bewust van de positieve en de minder positieve kanten. Ze zullen zich realiseren dat een goede werkrelatie van twee kanten komt:

'Ik had een perfecte baas. Ik was het probleem.'

Tips voor de werknemer
- Als je merkt dat je angstig wordt van de kritiek van je werkgever kun je hem vragen om het op een meer discrete en constructieve manier te doen.
- Probeer te begrijpen waarom je baas je negatieve feedback geeft. Over het algemeen kunnen mensen met Asperger niet goed omgaan met kritiek, dat geven ze zelf ook toe. Sta eens stil bij de manier waarop je anderen benadert. Vaak zeg je ook meteen wat je denkt zonder je woor-den mooi te verpakken. Je verwacht dat anderen begrijpen hoe je in elkaar steekt: een verlangen om te verbeteren, een zucht naar perfectie. Begrijp dat je baas hetzelfde wil en zo zijn eigen communicatieproble-men heeft. Probeer samen een oplossing te vinden.
- Complimenten geven werkt aan beide kanten. Het is belangrijk om waar-dering te tonen voor het werk van anderen en genereus te zijn als je wilt dat ze dat ook bij jou doen.

Tips voor de werkgevers en andere betrokkenen
- Geef vrijuit en vaak complimenten. Het zijn belangrijke momenten om

de persoon met Asperger te laten weten dat hij goed bezig is en op het juiste spoor zit.

- De vindingrijke doe-het-zelf-houding van mensen met Asperger betekent dat ze echt hun best doen op het werk. Als je als baas niet tevreden bent, moet je dit op discrete, respectvolle manier overbrengen, nooit in aanwezigheid van klanten of collega's.

> **'De managers waren grof, dom en ongevoelig. En in sommige gevallen gewoon ronduit hatelijk. De manier waarop je een kamer wordt binnen geroepen met nog twee of meer andere managers wanneer ze ergens met je over willen praten; het voelt altijd als een verhoor. En volgens mij is het dat ook.'**
>
> *Sean*

- Mensen met Asperger zijn goede imitators; ze leren sociaal gedrag aan door anderen te kopiëren. Als je positief en tactvol tegen ons bent, leren we in de loop van de tijd diplomatieker te doen tegen anderen.

Hoe reageer jij op complimenten?

Hoe voelt het om ze te geven?

Welke reacties krijg je van mensen wanneer je positief bent en niet negatief?

HOOFDSTUK 15

Werken met aangeboren talenten en interesses

Werk met iemands interessegebieden om zijn sterke kanten te benutten. Dat zal voor de logische geest van je werknemer met Asperger de meeste vruchten afwerpen, en zo zal hij de meeste voldoening uit zijn werk halen. Dwing iemand niet in een rol die niet geschikt voor hem is. Dat klinkt logisch, nietwaar?

De dingen die hem van nature minder goed afgaan (zoals sociale omgang) vallen binnen een gebied dat niet direct van invloed is op zijn werk. Het feit dat hij sociaal minder sterk is, kan daar juist een pre zijn. Omdat hij niet graag kletst, houdt hij ook meer tijd over voor zijn werk. Ze houden ervan zich te focussen, dus zullen ze niet stiekem onder het bureau in tijdschriften gaan zitten bladeren. Als researchers zijn ze onovertroffen, want mensen met Asperger zijn informatieverslaafd.

Naast researchwerk kan iemand met Asperger uitblinken in organiseren, problemen oplossen, schrijven, componeren, repareren, ontwerpen, techniek, uitvinden, wiskunde en zo ongeveer elke andere solitaire bezigheid waarbij ze alle elementen kunnen sturen. Zelfs alledaagse taken, zoals grasmaaien en huizen schilderen, kunnen ze leuk vinden omdat er controle is, het resultaat voorspelbaar is, er weinig interactie met mensen is, en ze bovendien de vrijheid hebben om naar muziek, het nieuws of luisterboeken te luisteren. Het is problematischer als ze in een positie verkeren waarbij ze met anderen te maken hebben, omdat mensen onvoorspelbaar en oncontroleerbaar zijn. Sommige mensen met Asperger zijn uitstekende leraren, maar de kans is groot dat ze liever lesgeven op een beroepsopleiding, universiteit of basisschool dan op een middelbare school.

'Een vroege diagnose is heel belangrijk. Ik wist pas dat ik Asperger
had toen ik bijna dertig was, daardoor belandde ik steeds in
functies waar ik niet geschikt voor was.'

Ben

Het is zinvol om mensen met Asperger dingen te laten doen waar ze van nature goed in zijn in plaats van ze te dwingen iets te doen waar ze alleen maar ontmoedigd door raken. Uitdagingen zijn goed, maar het is niet goed om iemand in een vorm te dwingen waar hij niet in past. Zoals we in hoofdstuk 17, 'Asperger en opleiding: een ongelukkige liefde?', zullen bespreken, kan het helpen om je werknemer cursussen of trainingen te laten volgen. De aangeboren talenten van je werknemer zullen hem in de richting van een bepaald werkterrein sturen, maar hij beschikt misschien niet over de praktische kennis of de nodige papieren om die talenten ook te benutten. Veel mensen met een autismespectrumstoornis beschikken over savante vaardigheden of hebben een 'obsessieve belangstelling', die in de juiste beroepsomgeving heel goed van pas kan komen (Müller, Schuler, Burton, & Yates, 2009).

In duobanen kunnen werknemers hun vaardigheden benutten en er tegelijkertijd voor zorgen dat de dienst of prestatie geen hiaten vertoont.

'Ik werkte een tijdje bij een overheidsbedrijf waar een baas me
het "brein van de afdeling" noemde. Degene met wie ik de
duobaan had, werd helaas helemaal gek van mijn
eigenaardigheden. Dat probleem was opgelost toen ik de baan
ging delen met iemand met wie het wel klikte. Op die manier
stelden we teams van inspecteurs samen. Bepaalde combinaties
van karaktertrekken en vaardigheden leverden goed werkende en
harmonieuze teams op en andere juist niet.'

Lewis

Een man met een goede baan binnen de ICT-dienstverlening deed het zo goed dat hij werd gepromoveerd tot manager. Hij houdt van zijn werk en heeft zijn eigen kantoor gekregen zodat hij zich kan concentreren, maar er wordt wel van hem verwacht dat hij aanwezig is bij vergaderingen. Dat vindt hij moeilijk. Vergaderingen zijn voor mensen met Asperger vaak een bron van stress.

> 'Ik haat vergaderingen: ik kan de ceo niet goed aankijken of duidelijk zeggen wat ik wil. Het liefst zou ik willen dat ze me gewoon alleen het management en de administratie lieten doen en dat iemand anders in mijn plaats naar die vergaderingen ging.'
>
> *Gavin*

Een bedrijf vindt iemand misschien waardevol genoeg om hem de baan te geven, maar zijn angst verdwijnt niet zolang hij naar die vergaderingen moet. Werkgevers en collega's zonder Asperger begrijpen niet hoe ongemakkelijk een persoon met Asperger zich tijdens deze bijeenkomsten voelt. Het zou een oplossing zijn om hem de agendapunten van tevoren toe te sturen en hem zijn bijdragen op papier te laten zetten in plaats van dat hij ze mondeling toelicht.

Vanwege de angst en de onrust die mensen met Asperger voelen in bepaalde sociale situaties komt het ook voor dat werkgevers van hen vragen om medicatie te gebruiken.

> 'Hij vroeg of er geen medicijnen voor waren, zodat ik toch gewoon mee kon doen. Ik denk niet dat mensen zonder Asperger of autisme bereid zijn om medicatie te gebruiken die je geest verandert om beter om te kunnen gaan met hun collega's met Asperger.'
>
> *Dr. G*

Zoals we weten schrijven artsen medicijnen voor (volgens sommigen wel zeer loyaal) aan mensen met psychische problemen die hen ervan weerhouden om actief deel te nemen aan het leven, bijvoorbeeld aan mensen met een depressie. De redenen dat mensen met Asperger zich niet gemakkelijk aanpassen, zijn echter niet psychisch maar neurologisch van aard, al komt depressie wel voor als comorbide symptoom van Asperger.

Er bestaan geen pillen voor autisme, en veel mensen zouden niet eens van Asperger genezen willen worden omdat het ook zoveel positieve aspecten heeft. Hoewel je medicatie kunt gebruiken tegen angst en andere bijverschijnselen van Asperger, is het ook goed om je eigen natuurlijke aanleg te gebruiken om een gevoel van welzijn en een waardevol bestaan te bevorderen. Temple Grandin is een voorstander van het gebruik van een lage dosis (een derde tot de helft van de normale dosering) van een angstremmend middel of antidepressivum, en ik weet dat anderen uit het spectrum zich daarbij aansluiten. Van alle mensen die ik voor dit boek heb geïnterviewd waren er echter maar twee die antidepressiva slikten en zeiden daar baat bij te hebben. De meerderheid had ze gedurende een of meerdere periodes in hun leven gebruikt, maar waren van mening dat de verlichting van bestaande symptomen niet opwoog tegen het aantal nieuwe symptomen dat opkwam door het gebruik van de medicatie.

'Ik heb Effexor, Prozac, Seroquel, Depakote, Wellbutrin, Celexa, Concerta, Trazadone, Nortryptalene, Amitryptalene, Ambien... en meer geslikt. Bij de meeste ook nog de maximaal aanbevolen dosis. De laatste idiote arts die ik had, verhoogde mijn doses nog of voegde er bij ongeveer elk consult nieuwe medicijnen aan toe, ook al vroeg ik naar alternatieven.'

Allison

'Ik heb als kind Ritalin geslikt, maar niet lang omdat het niet werkte. Later kreeg ik 's avonds Thorazine en Tofranil om me te helpen bij het slapen en om mijn angst mee te onderdrukken. Tussen mijn dertiende en mijn veertiende stopte ik er uit eigen beweging weer mee. Maar in 2000-2001 kreeg ik een drukke baan bij een technische helpdesk, waarvan ik vreesde het psychisch niet aan te kunnen. Ik begon vrijwillig aan de zoektocht naar medicatie, eerst bij een huisarts die me een probeerset Wellbutrin gaf. Dat was afschuwelijk. Ik kon me nergens op concentreren. Daarna nam ik een ADHD-test af bij een therapeut, die me doorverwees naar een arts die erin gespecialiseerd was, en die me

iets voorschreef met de woorden: "Kijk maar of het werkt."
We hebben verschillende combinaties van gewone amfetaminen
als Adderal geprobeerd. Uiteindelijk ben ik overal mee gestopt
door bijwerkingen als rusteloosheid, slapeloosheid en sufheid.
Ik besloot dat wat mijn probleem ook was, ik zou blijven
presteren, me erdoorheen zou slaan en me zou voelen zoals het
hoorde: natuurlijk.'

Scott

Ik wil er zeker niet voor pleiten dat je stopt met je medicijnen als ze helpen en als de voordelen opwegen tegen het risico. Maar in deze tijd, waarin er voor alles een pil lijkt te bestaan, moet je je realiseren dat er in allerlei soorten en maten mensen zijn; samen vormen we de grote weegschaal van deze wereld (zie het volgende hoofdstuk over psychologische onderzoeken). Kunnen we in plaats van de mensen te willen aanpassen met medicijnen niet beter de wereld aanpassen? Werkgevers, therapeuten, loopbaanadviseurs en anderen moeten zich realiseren dat er mensen zijn die niet voor alle werktaken in de wieg zijn gelegd, maar die daarom niet minder waardevol zijn in een werkomgeving. Het is goed om grenzen te verkennen en te verleggen, maar de beste wederzijdse resultaten zijn te behalen door te werken met wat iemand te bieden heeft, niet te focussen op tekortkomingen. Anders blijft het voor altijd een worsteling voor iemand en haalt hij nooit uit zijn leven wat erin zit.

'Het is geen symptoom dat ik heb, maar een vaardigheid. Een
vaardigheid die jij niet hebt. En omdat jij haar niet hebt, zie je
haar als een symptoom.'

Phil, vader van een autistische zoon

Tips voor de werknemer

- Als je op dit moment werk hebt, probeer dan het beste uit jezelf te halen en doe waar je goed in bent. Deel je gedachten met je werkgever, zeg: 'Ik houd echt van mijn onderzoekstaak, maar ik vind het heel moeilijk om met klanten om te gaan.' Of: 'Ik weet dat ik naar de vergaderingen moet komen, maar ik voel me erg ongemakkelijk wanneer ik voor de hele groep moet spreken. Ik zou mijn gedachten en meningen liever op papier zetten en aan je geven.'

- Je kunt beter meteen eerlijk uitkomen voor wie je bent en hoe je in elkaar steekt en je positieve kanten benadrukken: 'Ik ben erg op mezelf. Je zou kunnen denken dat ik verlegen of onvriendelijk ben, maar ik werk gewoon hard en geconcentreerd.'
- Een cursus spreken in het openbaar kan ook mensen met Asperger helpen.
- Er zijn holistische alternatieven voor psychotrope medicatie. De meeste, zoals sint-janskruid, 5-HTP en gingko biloba, zijn te koop bij de drogist en in natuurwinkels. Ga op zoek naar natuurlijke remedies tegen depressie en angst en voor geestelijke helderheid als je merkt dat medicijnen niet helpen of als je stemmingsverbeterende middelen wilt zonder verslavende eigenschappen. Soms beïnvloeden ze de werking van medicijnen of hebben ze bijwerkingen, dus spring er even zorgvuldig mee om als met medicijnen.
- Lees Hulpmiddelen – *'De perfecte baan voor jou: je persoonlijke* werkplan' achter in dit boek en volg de instructies. Het helpt je om te bepalen of je op de juiste weg bent en hoe je de baan of carrière kunt krijgen die het beste bij je past.

Tips voor werkgevers en andere betrokkenen

- Observeer en erken waar je werknemer goed in is.
- Luister naar hem wanneer hij vertelt bij welk onderdeel van het werk hij zich prettig voelt en bij welk onderdeel niet. Misschien zijn sommige dingen niet echt nodig, zoals veelvuldig contact met klanten en collega's.
- Raak niet gefrustreerd of denk niet dat je werknemer alleen maar koppig, onredelijk of lui is. Sommige dingen zijn nu eenmaal moeilijk voor hem. Zoals iemand zei: 'Er is een groot verschil tussen niet kunnen en niet willen.' Hoe meer tijd je neemt om Asperger te begrijpen, hoe logischer het voor je zal worden.

- Zijn er aspecten aan het werk die voor de werknemer lastig zijn (afspraken met klanten, presentaties geven, telefoneren), probeer hem dan te helpen om deze dingen goed te doen (zonder kritisch over zijn schouder mee te kijken) of zoek een mentor met wie hij kan samenwerken (een andere leidinggevende of collega) en die hem aanwijzingen kan geven en wegwijs kan maken zonder harde kritiek te leveren wanneer hij het niet goed doet.

Wat zijn jouw/je werknemers specifieke sterke kanten?

Wat kun je doen om ze te benutten?

Voel je weerstand? Onderzoek dan waarom; is het niet kunnen of niet willen?

HOOFDSTUK 16

Asperger en psychologische tests

> 'We zijn uniek en bijzonder. Wij zijn de dromers en de uitvinders.
> Zonder ons zou de wereld iets van zijn muziek kwijtraken.'
>
> *Mara, 37 jaar, echtgenote met Asperger van man met Asperger,*
> *en moeder van twee kinderen met Asperger*

Je kunt gerust stellen dat mensen met Asperger non-conformistisch zijn. Voor sociale groepsrituelen als de 'wave' of linedancen deinzen we meestal terug. Denk maar aan het personage van Woody Allen in de animatiefilm *Antz*. Als een dj in een ruimte vol mensen met Asperger 'Let me hear you say yeah!' schreeuwt, zal hij nog op zijn neus kijken. Het betekent echter niet dat we niet naar het feest willen.

Wanneer iemand tegenwoordig werk zoekt, stuit hij vaak op de psychologische test. Blijkbaar voor velen een normaal gegeven, maar voor iemand met Asperger is de psychologische test een soort uitsmijter bij de deur van een nachtclub die hem niet binnenlaat omdat hij niet hip genoeg is.

Psychologische tests werden oorspronkelijk gemaakt en uitgevoerd om intelligentie te meten. Sinds kort worden ze gebruikt om te proberen iemands geschiktheid en persoonlijkheid te meten en kwantificeren. Geschiktheidsonderzoeken (niet te verwarren met de beroepskeuzetests) hebben meestal duidelijk goede en foute antwoorden om te bepalen of je over de juiste vaardigheden voor een baan beschikt, bijvoorbeeld wiskundig inzicht. Iemand met Asperger zal geen bezwaar maken tegen zo'n test, integendeel, hij zou het nog leuk kunnen vinden ook.

Persoonlijkheidstests zijn bedacht omdat een baan zoveel meer inhoudt dan alleen de taken die moeten worden uitgevoerd. Werkgevers willen zeker weten of degene die ze aannemen past bij 'het team'. Het zijn meestal meerkeuzevragen met geen eenduidig correct antwoord. De persoon die de test maakt, krijgt vaak te horen dat er ook geen goede of foute antwoorden zijn, maar toch worden ze op mysterieuze wijze wel beoordeeld op hun prestatie. Persoonlijkheidstests kunnen door iemand persoonlijk of online worden afgenomen.

Deze tests worden steeds meer gebruikt door werkgevers. In *Employing People with Asperger Syndrome* (NAS, 2005) verklaren de auteurs dat een psychologische test in tegenstelling tot een praktische test waarin de autistische persoon een kans krijgt om te laten zien wat hij kan en weet, verwarrend werkt vanwege het gebrek aan concrete goede of foute antwoorden:

> De wereld van psychometrische profielen zal er niet een zijn waar mensen met het syndroom van Asperger iets mee kunnen... het is dan ook oneerlijk om hen op basis daarvan te beoordelen.

'Ik heb er moeite mee dat bedrijven verwachten dat mensen "robots" zijn, of het nu gaat om de kleding die ze dragen, hun kapsel, of iets anders. Ik heb het gevoel dat de gemiddelde onderneming net als de Borg uit Star Trek is, en dat er van iedereen wordt verwacht dat ze zich daaraan aanpassen. "Welkom in de samenleving: weerstand bieden is zinloos." Ondernemingen hebben zoveel te leren over productiviteit en de relatie met de omgeving. Als er ruimte is voor diversiteit is dat bevorderlijk voor de moraal. Ik denk dat we daar al een begin van zien, maar daar zal het voorlopig nog wel bij blijven.'

Mia

Toen ik Temple Grandin ontmoette, was een van de eerste dingen die ze zei: 'Je moet je werk verkopen, niet jezelf.' De persoonlijkheidstest vraagt van ons dat we eerst onszelf verkopen om daarna ons werk te kunnen verkopen.

Omdat ik een autismespectrumstoornis heb, telt mijn ervaring. Ik heb maar één keer zo'n test gedaan, en ik kan je dit zeggen: ik wil mezelf daar nooit meer aan blootstellen. Ik had geen idee of mijn antwoorden goed of fout waren, en vond het afschuwelijk toen ik hoorde dat ik er ook nooit achter zou komen. De baan kreeg ik niet. Ik ging ook maanden niet meer naar die winkel, omdat ik dacht dat de bedrijfsleider nu 'alles' van me wist.

Dit is een voorbeeld van een vraag uit een persoonlijkheidstest:

> Kies een van de volgende drie woorden om jezelf te omschrijven:
> - zelfverzekerd
> - veranderlijk
> - bekwaam
>
> (Carter & Russell, 2001)

Iemand met Asperger zal terugdeinzen voor zo'n vraag, omdat hij of zij hem niet logisch vindt. Het antwoord hangt helemaal af van de situatie, want onder verschillende omstandigheden voelen we deze drie dingen allemaal wel eens. Tijdens een test kan iemand met Asperger zich onzeker voelen en waarschijnlijk niet bekwaam; daarom kiest hij in eerste instantie misschien voor 'veranderlijk'. Veranderlijk kan flexibel betekenen, dat is een positieve eigenschap. Daarna kunnen we op onze keuze terugkomen en bedenken dat de testafnemer het antwoord juist kan zien als onbetrouwbaar of inconsequent. Misschien gooien we onze handen in de lucht en stoppen we met de test omdat hij zo belachelijk is. Daarbij verwachten we dan wel dat de rest dat ook doet.

Persoonlijkheidstests zijn uiteraard bedoeld om tijd en geld te besparen door de kans te vergroten dat je iemand aanneemt die in alle opzichten geschikt is voor de baan, maar ze lijken weinig ruimte te laten voor de vernieuwer, de dissident of het creatieve brein. Ook bieden ze geen plaats aan mensen met vaardigheden die het geringe ongemak van hun eigenaardigheden ruimschoots compenseren; iemand met een unieke manier van denken kan een verrijking zijn voor zijn omgeving, als hij maar de kans krijgt.

'Uniek zijn doet meer kwaad dan goed. Mensen met Asperger
kunnen zich wel aanpassen, maar ze zullen altijd hun grillen
hebben. Als werkgevers dat begrepen, zouden ze ons misschien
niet afkeuren voor een baan.'

Mike

'Zoals bij de taakverdeling en differentiatie tussen mannen en
vrouwen, kan de taakverdeling en differentiatie tussen Asperger
en neurotypisch een voordeel voor de hele mensheid opleveren.
Op een vreemde manier biedt het "niet-sociale" deel van onze
soort voordelen aan het sociale deel.'

Lewis

'Er zijn steeds meer bewijzen dat organisaties creatiever en winstgevender kunnen worden wanneer er mensen worden aangenomen met zeer
uiteenlopende achtergronden en ervaringen. De staf zou even divers
moeten zijn als het klantenbestand' (NAS, 2005).

'Soms vraag ik me af of het wel zo goed is dat al die geweldige toepassingen, zoals spreadsheets, e-mail, tekstverwerking en relationele data-
bases, in de jaren zeventig en tachtig zijn uitgevonden. Onze grootste
prestatie van de afgelopen vijftien jaar lijkt de verfijning van de visionaire
benadering van een vroegere generatie te zijn; een generatie die creativiteit hoog in het vaandel had en waarvan je excentriek mocht zijn.
Volgens een hardnekkige mythe binnen de IT-branche zijn teamspelers
onontbeerlijk bij de ontwikkeling van iets, geen dissidenten. Dat hangt
ervan af wat het team doet. Harmonie is prima voor een picknick of een
teamuitje, maar het is niet per se de voorloper van productiviteit.
Desalniettemin volharden "HR-mensen" in vele ondernemingen in hun
"persoonlijkheids-screening". Dat is een slechte gewoonte. Veel mensen hebben bij een sollicitatieprocedure voor een technische functie
wel eens een "rollenspel" moeten doen of dwaze vragen moeten
beantwoorden als: "Als je moest kiezen, welk dier zou je dan willen
zijn?" Iedere psycholoog zal je vertellen dat zulke tests onzin zijn.

Als zulke vragen of opdrachten zonder toestemming vooraf opeens opduiken in een sollicitatiegesprek en de kandidaat het "goede" antwoord moet geven om in aanmerking te komen voor een baan, zijn ze ronduit impertinent' (Factor, 2006).

Tips voor de werknemer

- Veel mensen met Asperger weigeren zelfs maar te solliciteren bij bedrijven waar ze psychologische tests gebruiken om sollicitanten te screenen. Geldt dat ook voor jou, schrijf dan op zijn minst een brief aan het bedrijf om uit te leggen waarom je zo'n test niet wil doen, omdat je Asperger hebt of om ethische redenen. Ze zijn waarschijnlijk niet in staat om de regels om te buigen of je de test niet te laten doen, maar dan heb je tenminste je zegje gedaan.

- Als je een baan wilt bij een bedrijf dat deze methode gebruikt, kun je een boek kopen om je erop voor te bereiden.

- Diversiteit accepteren snijdt aan beide kanten. Mensen met Asperger kunnen soms denken dat ze superieur zijn aan mensen zonder. Ze wantrouwen de bevolking zonder autismespectrumstoornis. Ook dat is discriminatie. Als je succes wilt hebben in deze wereld moet je je eigen tekortkomingen én de sterke kanten van anderen leren accepteren. Zie elke ontmoeting met een niet-autistisch persoon als een culturele uitwisseling, van ideeën, rituelen, normen, uitdrukkingen, enzovoort.

- Als je echt woest wordt van psychologische tests, onderneem dan actie en stuur een brief naar een organisatie voor gelijke behandeling.

Vraag voor werkgevers en andere betrokkenen

- Ben je van mening dat Albert Einstein (die waarschijnlijk Asperger had), Dan Aykroyd (gediagnosticeerd met Asperger) en andere beroemde succesvolle mensen met Asperger zoals Temple Grandin waardevolle bijdragen hebben geleverd aan de samenleving? Zouden zij een persoonlijkheidstest hebben gedaan of zouden ze hem hebben overgeslagen?

Zou jij een persoonlijkheidstest doen?

Zou je je daarop voorbereiden?

**Als je een werkgever bent, wat zijn volgens jou
de voor-/nadelen als je verschillende
persoonlijkheidstypen aanneemt?**

HOOFDSTUK 17

Asperger en opleiding: een ongelukkige liefde?

Ondanks hun intelligentie en liefde voor informatie hebben veel volwassenen met Asperger het moeilijk gehad op de middelbare school, en helemaal op vervolgopleidingen, omdat ze destijds nog geen juiste diagnose hadden gekregen en er toen nog maar weinig begrip bestond voor Asperger. Sociale problemen, angst, een gebrek aan interesse in de materie, pesten en zelfs je slimmer voelen dan de leerkracht kunnen er allemaal toe bijdragen dat je geen vervolgopleiding volgt of je school of opleiding niet afmaakt. Sommigen respondenten hadden hun middelbareschooldiploma gehaald en daarna op zijn minst geprobeerd een vervolgopleiding te doen. Anderen hadden verschillende beroepsgerichte cursussen gevolgd of schriftelijk onderwijs gevolgd, zodat ze minder tijd in de nabijheid van andere mensen hoefden door te brengen. Weer anderen hadden er langer over gedaan om hun opleiding af te maken, omdat ze hun studie door de hoge druk hadden moeten onderbreken. De zeer hoogopgeleiden (de gepromoveerden) vonden hun doctorale leerfase het prettigst omdat ze daarin autonoom te werk konden gaan. Toch zijn er tot op heden maar heel weinig universiteiten waar voldoende knowhow is over het onderwerp Asperger. Het ontbreekt de universiteiten aan de juiste middelen.

Werknemers met Asperger kunnen bekwamer en intelligenter zijn dan je op basis van hun opleiding zou verwachten. Om die reden:

- zitten ze naar hun eigen idee misschien niet op het juiste niveau wat betreft salaris, prestige, erkenning, verantwoordelijkheden en betekenis;
- neem je ze misschien minder serieus dan wanneer ze die studie wel hadden afgemaakt;

- zitten ze misschien sowieso op de verkeerde plek of zijn ze op het verkeerde gebied werkzaam.

Mensen zonder opleiding eindigen vaak in functies waar je geen opleiding voor nodig hebt. Voor werk in een fabriek, warenhuis, winkel, en voor andere algemene kantoor- of fabriekswerkzaamheden heb je geen opleiding nodig, maar moet je wel met mensen kunnen omgaan, zoals klanten of collega's. Op dat niveau wordt iemands vermogen om instructies op te volgen meer gewaardeerd dan zijn intelligentie. Een jongeman met Asperger kan als vakkenvuller gaan werken, een vrouw met Asperger kan bij de klantenservice terechtkomen... alleen omdat ze nooit een opleiding hebben afgemaakt.

De meeste mensen met Asperger merken dat ze een rol moeten vervullen waarbij ze te vaak aan anderen blootstaan, weinig erkenning krijgen en hun intellectuele kwaliteiten onvoldoende benutten. Deze slimme, gevoelige mensen raken ontmoedigd door de sociale problemen en andere moeilijkheden die ze tegenkomen. Ze vragen zich af wat er toch mis is met hen waardoor ze geen baan kunnen behouden. Ze veranderen meerdere keren van baan en zelfs van vakgebied. Sommigen gaan voor zichzelf werken. (Dat heeft zo zijn voordelen voor mensen met Asperger, maar het is vaak ook een financiële worsteling en iets waardoor ze geïsoleerd blijven en nooit iets doen met de diepgewortelde behoefte om zich met anderen te verbinden.)

Wat kun je hieraan doen? De meeste mensen met Asperger leren heel graag. Ze hebben een gemiddelde of bovengemiddelde intelligentie, zijn zelfs zeer getalenteerd, en toch maken ze hun school of studie niet af. Hoe kan dat worden voorkomen? Je zou toch denken dat goed presterende studenten worden opgemerkt en dat er een stokje voor wordt gestoken als ze met de studie dreigen te stoppen, of dat er iets wordt ondernomen als dat daadwerkelijk gebeurt. Misschien gaat dat tegenwoordig op middelbare scholen wel op, maar mensen van vijfendertig jaar en ouder kregen in hun schooltijd nog geen diagnose. Bovendien was er in die tijd ook nog geen sprake van passende hulpverlening.

'Ik heb mijn propedeuse en een diploma als horlogemaker. Ik wilde eigenlijk letteren studeren, maar stopte omdat ik niet kon functioneren in het wel erg sociale studentenhuis waar ik woonde.'

Walter

Op Amerikaanse universiteiten is er bij studieadviseurs nog steeds onvoldoende specifieke kennis over Asperger en de impact daarvan op het vermogen van een student om een graad te behalen (Farrell, 2004). Over het algemeen hebben ze niet de tijd of de middelen om er aandacht aan te besteden als een jongvolwassene op mysterieuze wijze stopt met zijn colleges. Het gevolg daarvan is dat veel studenten met Asperger gewoon stilletjes verdwijnen. Misschien dat er op kleinere instellingen nog leerkrachten zijn die zich afvragen waarom zo'n slimme student met zijn studie stopt, maar de kans is groot dat ze er niet achteraan gaan. Als een student sociale problemen heeft, wordt dat eerder toegeschreven aan psychische of persoonlijke problemen dan aan neurologische; en hoewel therapieën kunnen helpen, kun je met een gerust hart stellen dat ze meer kwaad dan goed doen als de therapeut niet in het syndroom van Asperger is gespecialiseerd. Hij of zij moet het helemaal doorgronden wil de therapie kans van slagen hebben.

De verantwoordelijkheid om de opleiding af te maken rust volledig op de schouders van het individu en wordt niet gedeeld door universiteiten en andere opleidingsinstituten. Deze instituten hebben veelal niet het budget om een programma op te stellen voor studenten met een autismespectrumstoornis, bij elkaar ongeveer één procent van het totale aantal studenten. Van alle leerlingen met Asperger maakt vermoedelijk maar vijfentwintig tot dertig procent de middelbare school af en slechts een kwart daarvan gaat een vervolgopleiding doen (Schwarz, 2002). Deze statistieken geven niet aan hoeveel van hen de opleiding ook voltooit en op welk niveau.

In de vs bestaan speciale programma's om mensen met Asperger naar de universiteit te kunnen laten gaan en ze tot en met hun afstuderen, en zelfs het vinden van werk, te begeleiden maar deze vormen een uitzondering op de regel. Ze zijn vaak erg duur en klein van opzet.

'Voordat hij zijn diagnose kreeg, is mijn man in twintig jaar
herhaaldelijk van school gestuurd of er zelf van afgegaan. Toen hij
besloot nog een keer te proberen een diploma te halen, kreeg hij
– mede dankzij de inspanningen van zijn huisarts en een advocaat
– een officieel rapport mee waarin stond dat er concessies
moesten worden gedaan om hem de studie af te kunnen laten
maken. En nu gaat het prima met hem.'

Kim, getrouwd met een man met Asperger en moeder
van een zoon met Asperger

Voor diegenen die geen diagnose of zo'n rapport hebben, wordt het de
normaalste zaak van de wereld om van school gestuurd te worden of
zelf te vertrekken. Mensen met Asperger hebben vaak twee of meer
deelcertificaten. Maar ook diegenen die meerdere of hogere opleidingen
hebben gedaan, zullen er nog moeite mee hebben om aan het werk te
blijven als men op het werk niet constructief omgaat met hun speciale
behoeften.

Tips voor de werknemer

Als een opleiding belangrijk is voor je eigenwaarde en je financiële vooruit-
zichten, kun je een paar dingen proberen:

- Je kunt een universitaire of andere opleiding naast je werk volgen.
- Je kunt een schriftelijke of online opleiding doen.
- In de vs zijn er specifieke universitaire programma's en verkorte oplei-
  dingstrajecten voor mensen met het syndroom van Asperger. Ook in
  Nederland bieden onderwijsinstellingen hulp aan mensen met een
  autismespectrumstoornis, zoals extra begeleiding. Meer informatie is
  onder meer te vinden bij de Nederlandse Vereniging voor Autisme. Hun
  website staat achter in dit boek vermeld bij Bronnen.

Tips voor werkgevers en andere betrokkenen

We leven nu eenmaal in een maatschappij waarin het economisch belang
vooropstaat, en zonder mensen is er geen economie. Human resources:
mensen zijn je beste bron. Voor een werknemer met Asperger betekent

een ontslag voor hem of haar het begin of de voortzetting van een ont-
moedigende reeks sociale mislukkingen.

- Praat met hen. Probeer erachter te komen waar hun interesse naar uit-
gaat. Heb je het gevoel dat je werknemer het verkeerde werk doet of
dat hij niet alles eruit haalt wat erin zit, laat hem dan niet zomaar gaan.
Het kan de moeite lonen om hem aan te sporen cursussen te volgen, of
die nu rechtstreeks met zijn huidige baan te maken hebben of niet.
- Misschien merk je wel dat de werknemer door zijn nieuwe zelfvertrouwen ook een betere kijk op het werk krijgt en beter presteert.
- Als de studies of cursussen aansluiten op het werk, kan de werknemer
in aanmerking komen voor promotie, een elektricien kan bijvoorbeeld
een ingenieur worden.
- Wellicht is het mogelijk om de taakomschrijving van de huidige baan
uit te breiden naar iets wat meer waarde voor jou heeft en de werknemer meer voldoening geeft. Een secretaresse zou een accountmanager
kunnen worden. Een receptionist zou het ontwerp en de vervaardiging
van nieuwsbrieven of brochures onder zijn hoede kunnen krijgen.
- Als ze helemaal in het verkeerde vakgebied werkzaam zijn, kun je ze nog
steeds aanmoedigen om een cursus of opleiding te gaan volgen en ze
daar ook de tijd voor geven, en daarna de gelegenheid bieden om een
nieuwe baan te vinden. Wens hen geluk. De conciërge die je nu hebt,
zou later wel eens je advocaat kunnen zijn.

**Maak een lijst van mogelijke strategieën om je te
blijven scholen of wat je al hebt beter te gebruiken.**

(Dit wordt verder uitgelegd in Hulpmiddelen,
'De perfecte baan voor jou, je persoonlijke werkplan.)

HOOFDSTUK 18

Vertellen of niet vertellen, dat is de vraag

Ben je werkgever, dan lees je dit misschien omdat je werknemer de moed had om je te vertellen dat hij of zij Asperger heeft. Of misschien vermoed je dat een werknemer een autismespectrumstoornis heeft. Hoe het ook zij, besef dat er moed voor nodig is om tegen anderen te zeggen dat je een autismespectrumstoornis hebt.

Er zijn zowel argumenten voor als tegen het openbaar maken van het feit dat je Asperger hebt:

- Wanneer je 'in de kast' blijft, is dat niet 'goed voor de zaak' en blijven mensen met Asperger in een negatief daglicht staan.
- *Aan de andere kant*: waarom zou iemand met Asperger die het naar zijn zin heeft op zijn werk slapende honden wakker maken?
- Als iemand met Asperger niets vertelt, hebben zijn collega's geen referentiekader, geen platform om zijn afwijkende gedrag te begrijpen.
- *Aan de andere kant*: ook al vertelt iemand met Asperger zijn collega's of bazen dat hij Asperger heeft, de kans is nog steeds groot dat mensen zich *blijven* afvragen waarom ze de dingen doen zoals ze die doen.
- Als iemand niets over zijn Asperger tegen zijn baas vertelt, wordt hij in geval van discriminatie ook niet door de daarvoor verantwoordelijke instanties beschermd.
- *Aan de andere kant*: het is nog steeds moeilijk aan te tonen dat discriminatie de oorzaak is van problemen op het werk.

Heb jij Asperger, dan kan niemand je vertellen wat je op dit gebied moet doen. Hieronder staat een aantal verschillende visies:

'Ik zeg het niet tegen mensen. Ze doen vijandig (familie),
wantrouwig (kennissen) of neerbuigend (klantenservice,
loodgieters, enzovoort). Ik heb nog nooit een reactie gehad die
niet in een van die categorieën viel.'

Tracy, 29 jaar

'Geen politieagent, rechter, of wie dan ook kon het iets schelen of
ik autistisch was of niet. Waarom zouden ze ook? Ze weten niet
eens wat het voor syndroom is.'

Frank, 25 jaar

'Ik ben bang om in een hokje te worden gestopt of te worden
gezien als iemand die speciaal behandeld moet worden of met
wie je medelijden moet hebben. Ik wil alleen maar een beetje
begrip. Ik heb het moeilijk gehad, maar heb toch een
goedbetaalde baan.'

Richard

'Je kunt ze het beste laten weten wat het is zodat ze niet van het ergste
hoeven uit te gaan. Als jij er geen etiket op plakt, doen anderen het wel.
Mensen denken dan wel dat ze niet aan etiketteren doen, maar het
tegendeel is waar. De term "Asperger" staat gelijk aan "gek". Ga in de
tegenaanval; vul het vacuüm op voordat iemand anders het doet. Daarom
vind ik het beter om het te vertellen.'

Lewis

'Als het op werk aankomt, zou ik het niet vertellen. Ik weet dat een
werkgever iemand met Asperger niet mag discrimineren, maar de
waarheid is nu eenmaal dat je de baan dan hoogstwaarschijnlijk niet
krijgt. Een werkgever wil het risico niet nemen als hij of zij ook een
"gewoon" iemand kan krijgen voor die baan. Bovendien denken
mensen soms dat Asperger betekent dat je een of andere achterstand
hebt en zul je ook zo worden behandeld. Dat is natuurlijk afhankelijk is
van de mate waarin de Asperger zich bij je manifesteert. Mensen die

sociale omgang met anderen echt verschrikkelijk moeilijk vinden,
moeten misschien wel vertellen dat ze het hebben om uit te leggen
waarom ze zich soms "zo vreemd gedragen". Je wilt toch niet dat je
baas denkt dat je een of andere gek bent.'

Diane

'Ik heb de bedrijfsleider een lijst gegeven met kenmerken van
Asperger zodat hij mijn eigenaardigheden en gedrag misschien
een beetje kon gaan begrijpen.'

Rick

'Ik heb het voorzichtig aan een paar mensen verteld, maar ben toen gestopt. Ik
zag dat ze het niet begrepen, dus leek het me niet verstandig.'

Julian

'Het is altijd een persoonlijke beslissing. Het vertellen betekent niet per se
dat je ergens naar binnen loopt en vertelt dat je Asperger hebt, maar
eerder dat je overbrengt welke aspecten van Asperger bij jou lastig
kunnen zijn. Misschien vraag je de werkgever alleen maar of hij het goed
vindt dat je speciale lampen meebrengt naar het kantoor zodat de tl-
buizen uit kunnen... Het gaat vooral over het opkomen voor je eigen
belangen. Meestal dringen we er bij mensen op aan dat ze het pas
vertellen wanneer ze zijn aangenomen, omdat het de sollicitatie nadelig
kan beïnvloeden en ze dan onder bescherming van de bepaalde instanties
vallen.'

MAT K., organisatie voor de belangen van mensen met Asperger

Mensen die niet officieel een diagnose hebben gekregen vallen niet onder
de bescherming van de ADA (*Americans with Disabilities Act*), maar ook als
je die wel hebt, kan het nog erg moeilijk worden om te bewijzen waarom
je bent ontslagen.

Hoe overduidelijk er soms ook wordt gediscrimineerd, het recht zal niet
altijd zegevieren. Het volgende verhaal komt van een man uit Noord-Ierland,
die slaagde voor de strenge selectietest van de Noord-Ierse politie:

'Toen het hoofd van de politieacademie erachter kwam dat ik Asperger had, werd ik weggestuurd omdat ik had "nagelaten te vertellen dat ik de ziekte(!) van Asperger had". Het ontslagproces was een schertsvertoning, er werd tegen me geschreeuwd en ik werd uitgemaakt voor leugenaar omdat ik niet wilde toegeven dat ik leerproblemen of geestelijke problemen had. Ik probeerde uit te leggen dat Asperger geen geestelijk probleem was en dat ik een IQ van 137 had en dus ook geen leerproblemen had, maar ik werd overschreeuwd. Ik probeerde in hoger beroep te gaan bij de *Fair Employment Tribunal*, maar moest mijn zaak laten vallen omdat ik het geld niet had om een advocaat in de arm te nemen. Ik ben er wel trots op dat ik zesenzeventighonderd andere kandidaten achter me heb gelaten in een selectieprocedure die zij hebben bedacht voor zichzelf. Het is alsof ik een van de astronauten ben die worden geselecteerd voor een reis naar de maan. Het enige wat me tegenhield, was een vals vooroordeel. Nu werk ik in een fabriek.'

Dit is de angst die mensen ervan weerhoudt om te vertellen dat ze Asperger hebben – en deze zorg is terecht:

'Mensen met een autismespectrumstoornis worden vaak vijandig en oneerlijk behandeld. Beroepen in de ordehandhaving zijn nog niet klaar voor mensen met een autismespectrumstoornis. Ik draag een wapen en heb een verklaring van goed gedrag. Ik ben zorgvuldig gescreend en er rolden veel goede karakterschetsen uit. Maar als ik op het werk echt mezelf zou zijn, en zeker als ik het woord Asperger zou laten vallen, zou ik worden afgewezen omdat ze me ongeschikt zouden vinden als gewapend politieagent.'

Scott

Tips voor de werknemer

- Het is geheel aan jou om te vertellen dat je Asperger hebt of niet.
- Als je het goed doet op je werk en je anderen vertelt dat je Asperger hebt, doe je daarmee misschien iets goeds 'voor de zaak' en reputatie van mensen met autismespectrumstoornissen.

- Heb je problemen met werk vinden of behouden, dan kan openheid over jouw Asperger je misschien helpen om begrip en steun te krijgen.
- Het is ook een mogelijkheid om te vragen wat je nodig hebt zonder precies te zeggen wat je hebt. Misschien is dat wel genoeg.
- Anderen worstelen zich er liever doorheen zonder ooit om iets te vragen. Maar niet iedereen kan dat opbrengen.
- Weeg je mogelijkheden zorgvuldig tegen elkaar af. Wat je ook beslist, het is van grote invloed op je leven.
- Als je het vertelt, doe het dan niet 'ongewapend'. Neem je favoriete korte beschrijving van Asperger mee en geef die aan de persoon aan wie je het wilt vertellen, tenzij je het zelf heel goed onder woorden kunt brengen. Je kunt ook wijzen op websites die goede informatie bieden. Dring er bij de persoon die het je vertelt op aan dat hij zoveel mogelijk over Asperger leest en geef hem een paar relevante boeken of websites door.

Tips voor werkgevers en andere betrokkenen

Als je werknemer niet had verteld dat hij of zij Asperger heeft, dan zat je waarschijnlijk niet dit boek te lezen. Je hebt de eerste stappen gezet om jezelf iets te leren over de aandoening. En dan nog, ieder mens met Asperger is weer anders. Ze hebben allemaal verschillende emotionele, intellectuele, artistieke en sociale vaardigheden. Je kunt niet weten wat hun grenzen zijn, dus ga daar ook niet van uit. Los van het feit dat het tegen de wet is, zou het ethisch aanvechtbaar zijn om iemand te ontslaan omdat hij of zij Asperger heeft. Je zou daarmee trouwens ook hun talrijke, soms ongelofelijke talenten kwijtraken.

Zou jij aan mensen vertellen dat je Asperger hebt?

Heb je daar positieve of negatieve ervaringen mee?

Hoe kun je de kans op een positief resultaat vergroten?

HOOFDSTUK 19

'Doei, doei,' zei het zwarte schaap: hoed je voor de tegenaanval

Werkgevers zouden geen waardevolle werknemers mogen verliezen door factoren die te herstellen zijn. En iemand met Asperger zou evenmin om de verkeerde redenen de baan moeten opzeggen waarvan hij houdt.

Sommige mensen met Asperger zeggen hun baan op als ze voelen dat er ontslag of een ander probleem dreigt, net zoals anderen liever van school gaan dan te blijven zitten. Als een werknemer met Asperger ziek thuiszit of als zijn belangstelling of prestaties achteruitgaan, kan dat duiden op een voor Asperger typische tegenaanval. Er is dan iets – waarschijnlijk op het werk – wat dient te worden aangepakt om te voorkomen dat deze tegenaanval wordt ingezet.

> 'Ik heb zelden echte problemen gehad met bazen, omdat ik gewoon goed werk aflever; ik heb wel een paar keer een baan opgezegd omdat ik een mislukking zag aankomen. Mijn problemen hadden met collega's te maken.'
>
> *Walter*

> 'De nekslag was dat ik onder druk werk aannam waardoor ik meer met het "team" moest gaan communiceren, de prijs van benzine ging omhoog, en ik was bang om ontslagen te worden. Toen nam ik maar zelf ontslag.'
>
> *Tom*

Ziekmelding: ziekte is een signaal. Het kan het resultaat zijn van gevoeligheid voor de omgeving, gepest worden, angst, enzovoort. Uitputting kan optreden wanneer iemand voortdurend overprikkeld wordt. Depressie en angst vormen een vast onderdeel van het autismepakket. Zoals we eerder al hebben opgemerkt: er zijn vele wegen om een situatie te verbeteren en meestal zijn we ook erg proactief. We zijn onze eigen lichaamsdetective en proberen verschillende methoden uit totdat we weten wat voor ons werkt. Problemen op het werk veroorzaken weer meer ziekte en stress, die op hun beurt weer meer werkproblemen kunnen veroorzaken; deze cyclus moet worden doorbroken, het liefst voordat ze begint.

Buikpijn komt veel voor bij mensen uit het spectrum. Negen van de tien geïnterviewden hadden maag- en darmklachten, zoals Prikkelbare Darm Syndroom (PDS), maagzweren en zelfs beschadigingen aan de darmen die operatief verwijderd moesten worden. Volgens de meesten verergerden de klachten door stress.

Mogelijke redenen voor een vroegtijdige beëindiging van het werk door de werknemer zelf:

- sociale angst of angst om gepest te worden;
- omgeving – te veel zintuiglijke prikkels of ongezonde werkomstandigheden;
- kleding, uiterlijk of vergelijkbare beperkingen – de verwachting dat de werknemer zich aanpast;
- gebrek aan vrijheid in toewijzing van taken en tijdschema;
- gewantrouwd worden. Het gevoel dat er over je schouder wordt meegekeken;
- verkeerd begrepen en bekritiseerd worden, niet geloofd worden;
- niet weten of het werk wordt gewaardeerd en of het aan de norm voldoet;
- de talenten niet benutten. Wanneer ze gevraagd of verwacht worden dingen te doen waar ze niet goed in zijn;
- gebrek aan voldoening in het werk. Geen stimulans of uitdaging krijgen.

> **'Ik vind het ondoenlijk om op een echt betekenisvolle manier deel te nemen aan het leven op de werkvloer. Niemand lijkt echter last te hebben van een gebrek aan betekenis. Een loopbaanadviseur zei tegen me dat "het werk er niet is om je uit te dagen" toen ik klaagde**

dat ik nooit echt mijn hersenen kon gebruiken op mijn werk. Door mijn moeite met het werk voel ik me soms zo geïsoleerd dat ik wel dood wil. Het is een groot deel van mijn leven en ik kan er niet op zo'n manier aan meedoen dat ik als mezelf functioneer.'

Allison

Tips voor de werknemer

Als de onrust over je werk je te veel wordt en je overweegt ontslag te nemen, stel jezelf dan de vraag of je alle stappen in dit boek hebt gezet.

- Heb je om aanpassingen gevraagd?
- Heb je je omgeving zo comfortabel mogelijk gemaakt?
- Heb je er alles aan gedaan om de stress aan te kunnen? Veel mensen met Asperger zeggen dat dingen als yoga, meditatie en lichaamsbeweging een positief, maar tijdelijk effect hebben op hun onrust, maar ze hebben een cumulatief effect. Ze kunnen zonder dat je het weet je reacties op zintuiglijke prikkels temperen en je verdraagzaamheid vergroten. Zoals eerder besproken moeten zintuiglijke problemen worden beschouwd als een totale belasting. Dat geldt ook voor je algehele gevoel van welzijn.
- Heb je geprobeerd een mentor te vinden; iemand om mee te praten? Is er een organisatie waar je kunt aankloppen? Een therapeut? Kun je je baas vertrouwen?
- Vind je je baan echt leuk? Als dat zo is, maar je hebt genoeg van de andere aspecten, lees dan de voorgaande hoofdstukken nog eens en probeer deze problemen opnieuw aan te pakken. Als je geen voldoening uit je werk haalt en ontevreden bent, doe dan iets aan je scholing en vaardigheden. Je kunt misschien vooruitkomen zonder dat je je huidige baan hoeft op te zeggen.
- Luister naar je lichaam en kijk naar de kern van je probleem. Als je lichamelijk ziek bent of symptomen van stress vertoont, kun je daar tijdelijk iets aan doen met medicijnen, maar ga op zoek naar datgene wat het probleem werkelijk veroorzaakt. Informeer jezelf over de voordelen van gefermenteerd voedsel, zoals in *The Body Ecology Diet* van Donna Gates

(2006), lees ook *Gut and Psychology Syndrome* van Natasha Campbell-McBride (2004). Ook populair onder mensen die de symptomen van hun autismespectrumstoornis proberen te hanteren, zijn het gluten- en caseïnevrije dieet en het specifieke-koolhydratendieet. Ook wanneer je geen strenge diëten wilt volgen, kun je je gezondheid en energieniveau een *boost* geven door gezond te eten, dus je verre te houden van bewerkt voedsel, kunstmatige ingrediënten, toevoegingen, enzovoort.

- Krik je eigenwaarde op. Je kunt je echt klein laten krijgen door pesten en andere problemen op het werk. Doe een cursus zelfverdediging, vechtkunst of iets anders om aan je zelfvertrouwen te werken. Vier elke verandering. Lees nog eens alle positieve eigenschappen van Asperger door, of schrijf ze zelf op. Kijk naar alle geweldige dingen die je voor elkaar hebt gekregen (waarschijnlijk in je eentje) en wees tevreden over jezelf. Geld is ook goed voor je zelfvertrouwen. Daar kun je niet omheen. Zoek manieren om je inkomsten of marktwaarde te vergroten. Mocht je overwegen om weg te gaan bij je huidige baan: het is slecht voor je eigenwaarde om dat te doen zonder back-upplan.

- Geniet meer van het leven: verbreed je interesse en zoek andere activiteiten. Soms werk je te hard en is je blik beperkt doordat je hyperfocus en jezelf helemaal onderdompelt in een taak. Vergeet niet om ook leuke dingen te doen; plan sociale of aangename bezigheden, dingen waar je gelukkig van wordt en die je blik weer verruimen. Hoe breder je interessegebied, des te zelfverzekerder voel je je op je werk en des te meer onderwerpen heb je om over te praten.

- Als je geen compromis wilt sluiten – of je hebt het geprobeerd, maar het werkte niet – dan is voor jezelf werken misschien de enige optie. Onderzoek de mogelijkheden en volg je geluk, maar vergeet niet dat je nog steeds een redelijk aantal van de eigenschappen en sociale vaardigheden nodig hebt die in dit boek staan om te slagen. Voor jezelf werken betekent vaak dat je het financieel zwaar kunt hebben, zeker in het begin.

Tips voor werkgevers en andere betrokkenen

Asperger, gezondheid, stresshantering en tevredenheid met het werk zijn onderling verbonden en moeten ook als geheel worden bekeken. Als een harde werker zich ziek meldt of zich lijkt terug te trekken van de werkplek, denk dan niet dat je daar niets aan kunt doen. Ga het gesprek aan en probeer erachter te komen wat er speelt. We hebben je nu voldoende strategieën geboden om mee te werken; het zijn allemaal haalbare oplossingen als jij en je werknemer maar willen.

Overweeg je om je huidige baan op te zeggen?

Heb je al een andere baan op het oog of een plan van actie?

Kun je iets doen om je huidige situatie te verbeteren?

HOOFDSTUK 20

De weg naar succes

In het boek 22 *Things a Woman Must Know If She Loves a Man with Asperger's Syndrome* (2009) schreef ik dat een relatie veel meer kans maakt om stand te houden als de persoon met Asperger zich proactief opstelt en openheid biedt over Asperger. Hetzelfde geldt voor een werkrelatie: regel dat je een diagnose krijgt, leer over autismespectrumstoornissen, erken de impact die Asperger op je leven heeft, zorg voor commitment aan je werkrelatie, en zoek hulp.

Het is oneerlijk om alle schuld op je baas te schuiven: je persoonlijke overtuigingen en voorkeuren daargelaten is het niet realistisch om te verwachten dat iedereen om je heen verandert. Je moet accepteren dat je door het syndroom van Asperger over gaven beschikt – in sommige gevallen grote gaven – maar dat daartegenover ook wat mindere eigenschappen staan. Als je eens goed, positief, maar eerlijk naar jezelf kijkt – je geschiedenis, je patronen – kun je misschien aanwijzen wat die minder goede eigenschappen zijn.

Het is jouw leven en jij bepaalt hoe dat eruitziet. Zie Asperger niet als je grootste rivaal, maar maak hem je beste bondgenoot.

Alles op een rij:
- Het aantal mensen met een autismespectrumstoornis lijkt – ten tijde van het verschijnen van dit boek – te groeien.
- Het gaat hier om een significant aantal: één procent of meer van de totale bevolking heeft een autismespectrumstoornis.
- Er zijn belangrijke verschillen in communicatie tussen mensen uit het spectrum en mensen daarbuiten. Volgens sommigen gaat het om culturele verschillen.

- Om economische redenen moeten deze verschillen worden erkend en aangepakt.
- Daartoe moet er training en hulp komen, zowel voor werknemers met Asperger als voor hun werkgevers.
- Iemand met Asperger heeft uitzonderlijke vaardigheden waaraan grote behoefte is in een werkomgeving.
- Iemand met Asperger moet leren omgaan met zijn of haar aan Asperger gerelateerde eigenschappen, om een baan op de lange termijn mogelijk en aangenaam te maken voor zichzelf, collega's en werkgevers. Dat gaat gemakkelijker en effectiever met een werkgever die begripvol is en zijn medewerking verleent.

Hulpmiddelen

De perfecte baan voor *jou* – je persoonlijke werkplan

Mensen uit het spectrum moeten bij het kiezen van een baan rekening houden met meer lichamelijke en sociale factoren dan anderen. Je moet je carrière heel zorgvuldig uitstippelen. Om je kans op succes te vergroten kun je beter voor een baan kiezen waarbij je je sterke kanten en interesses benut, en niet eentje waarbij je steeds met je tekortkomingen wordt geconfronteerd. Je wilt bijvoorbeeld wel een klein beetje sociaal contact om gewend te raken aan mensen en wat sociale vaardigheden te ontwikkelen, maar als het te veel wordt kan dat vermoeiend voor je zijn en kun je je slecht gaan voelen over jezelf. Temple Grandin legt de nadruk op 'sociale interactie door gedeelde interesses', en dat is nog een goede reden om je baan met zorg uit te kiezen. Je zult je meer op je gemak voelen als je met gelijkgestemden samenwerkt.

Er zijn tal van vaardigheidstests op de markt, meestal met meerkeuzevragen, maar mensen met Asperger vinden het in vergelijking met anderen vervelender om zich te laten definiëren door hokjes aan te vinken, en bovendien gaan dergelijke tests waarschijnlijk niet over de dingen die iemand uit het spectrum van belang vindt. We kunnen mateloos geïnteresseerd zijn in een bepaald onderwerp, maar een al even hevige afkeer hebben van bepaalde aspecten van het werk. Dat een jongen met Asperger van vliegtuigen houdt, hoeft niet te betekenen dat hij wil vliegen. Stephen Shore zegt in zijn artikel 'Survival in the Workplace' (2008):

> 'Ik voelde me heel ellendig toen ik in de bedrijfscultuur werd opgenomen. Het gekke was dat ik bedrijfskunde... fascinerend vind. Ik vind lesgeven over bedrijfsmatige onderwerpen ook heel leuk... Ik verdraag het alleen niet om samen te werken met de mensen die er werken.'

De meeste interessegebieden (zo niet alle) kunnen worden onderwezen, uitgeoefend en/of bestudeerd. Zoals Shore aangeeft, je kunt in het ene aspect geïnteresseerd zijn, maar niet per se in het andere. Het is een goed begin om te weten wat jouw specifieke interesses zijn, maar daarna moet je bepalen hoe jij die interesses het best kunt toepassen, waar jij het gelukkigst van wordt, en dat nog verder toespitsen op sociale, zintuiglijke en andere aspecten die relevant zijn voor mensen met Asperger en hoogfunctionerend autisme.

Een persoonlijk werkplan (zie tabel 1.1) is een handig hulpmiddel hierbij. Hierna volgt een stappenplan om je persoonlijke werkplan te maken.

- Eerst maak je een lijst van onderwerpen die jouw obsessieve belangstelling hebben die we hier voor het gemak Obsessies noemen, wat deze ook mogen zijn. Ze kunnen even onderling verschillend zijn als paarden, muziek, medicijnen en motoren. Ze mogen specifiek zijn of algemeen. Schrijf alles op wat jou fascineert, waarvan jij denkt dat je er graag mee zou werken.
- Daarna maak je kolommen voor *Doceren*, *Uitoefenen* en *Studeren*. Onder elk van die kolommen maak je weer drie kolommen: *Het beste van...*, *Triggers* en *Oplossingen*.
  - *Het beste van...* staat voor het beste dat je uit dat jouw obsessies haalt. Laten we muziek als voorbeeld voor jouw obsessie gebruiken. Bij muziek doceren kan *Het beste van...* inhouden dat je ondergedompeld bent in een onderwerp waar je hartstochtelijk veel van houdt, dat je een hele nieuwe generatie iets leert over de geweldige muziek waarvan je houdt, en dat je met diezelfde muziek in je betaalde vakanties je accu weer kunt opladen.
  - *Triggers* zijn sterke aversies of wat het ook is waardoor je autistische knoppen worden geactiveerd en je overprikkeld raakt; dingen die je uit de weg moet gaan als het kan. Nog steeds met muziek als voorbeeld: als je van valse noten, verkeerd bespeelde instrumenten en opspattend speeksel gaat wapperen met je handen of andere herhaalde bewegingen gaat maken, is het misschien beter dat je niet lesgeeft aan kleine kinderen. Andere triggers onder *Doceren* kunnen gaan over onhandelbaar gedrag, voor een groep mensen staan of elke dag vroeg op moeten staan om op een vast tijdstip te beginnen. Er zijn ook bellen, aankondigingen, geuren, bacillen of gangen waarin het wemelt van de mensen. In elke baan of carrière kunnen wel miljoenen dingen

op de loer liggen om je van te slag te brengen en je dag te verpesten. Je moet je triggers leren kennen en besluiten of en hoe je ze gaat aanpakken. Je moet ook bepalen of je bereid bent om je zintuiglijke ongemakken te boven te komen. Vergeet niet dat het mogelijk is om aan je gezondheid en welzijn te werken, en je kunt stappen zetten om minder gevoelig te worden voor bepaalde triggers. Voor iedereen uit het spectrum komt er een punt dat geld verdienen betekent dat je je angsten onder ogen moet komen en ze moet overwinnen.

– Bij *Oplossingen* vul je in: oplossingen voor de problemen die door Triggers ontstaan. Ze zijn meestal wel te vinden als je ernaar zoekt. Vaak houden ze in dat je werkt waarmee en met wie je wilt werken en je triggers zoveel mogelijk uit de weg gaat. Oplossingen voor de hiervoor beschreven problemen kunnen zijn: lesgeven op een hogere school, privéles geven, deeltijd werken, bijvoorbeeld in een muziekwinkel of bij mensen thuis.

– *Uitoefenen* betekent in dit geval dat je geld verdient met muziek maken. Onder Triggers valt bijvoorbeeld dat je daarvoor heel veel sociaal contact hebt met mensen, dat je bij een tournee van tevoren niet weet in wat voor hotelkamer je slaapt. Het feit dat je geen regelmatige inkomsten hebt, hoeft niet per se een trigger te zijn, maar het is wel een 'nadeel' en zou op de lijst moeten staan, aangezien mensen vaak minder stress hebben als hun financiële situatie stabiel is. Onder *Oplossingen* zou kunnen staan dat je, als je goed genoeg bent, als huismuzikant bij een studio of club gaat werken of bij een orkest in dienst gaat.

Onder *Studeren* kun je in de drie verschillende tabellen (*Wat heb ik? Wat heb ik nodig? Waar / Hoe?*) respectievelijk aangeven over welke relevante kwalificaties je al beschikt, wat je misschien nog nodig hebt en hoe je die kunt verwerven, bijvoorbeeld naar welke universiteit, hogeschool of technische opleiding je zou moeten gaan.

In tabel 1.1 zie je een blanco voorbeeld van een werkplan. Het is aan te raden meerdere kopieën hiervan te maken, want misschien vul je hem meer dan eens in. Voor je begint kan het handig zijn om een complete checklist te maken op een apart vel papier, met alle Obsessies en een complete lijst van *Triggers*, dit om je echt bewust te worden van de dingen waar je van houdt en waar je niet van houdt, die je opwinden en die je afkeer inboezemen. Wanneer je het werkplan eenmaal invult, moet je je sterkste *Triggers* – dingen die je absoluut uit de weg wilt gaan – doorstrepen of roodkleuren. Maak je sterkste *Het beste van...* – dingen die je absoluut nodig hebt of wilt – vet, omcirkel ze of geef ze met een kleurtje. Hetzelfde geldt voor je beste *Oplossingen*.

Als je klaar bent, kijk je naar je ergste *Triggers*. Daarna concentreer je je op je felste, vetste *Het beste van...* In het vak *Traject / Realisatie* schrijf je op wat je indrukken zijn op basis van je antwoorden. De antwoorden moeten je helpen om een plan te vormen of je een paar belangrijke dingen geven om over na te denken. Door elementen te combineren van verschillende passies kun je een gebied ontdekken om in te werken waar je eerder nog niet aan had gedacht. Misschien ontdek je dat je nu in het verkeerde vakgebied werkzaam bent, maar weet je ook wat je wel graag zou doen. Je kunt er zelfs achter komen dat je in het juiste vakgebied bezig bent, maar in de verkeerde functie. Misschien moet je een opleiding volgen om te komen waar je wilt komen. Misschien ontdek je zelfs wel dat je al de baan hebt in het juiste vakgebied, en dat je door het toepassen van een paar van de suggesties uit dit boek alles kunt hebben wat je nodig hebt om gelukkig te zijn in je werk.

Hoewel sommige van onze *Obsessies* niet direct te vermarkten zijn of duidelijk in verband staan met onze baan, geloof ik dat ze de zaadjes, de aanwijzingen bevatten voor onze perfecte carrière. Om de Asperger-eigenschappen goed te kunnen benutten, moet we enthousiast zijn over ons werk. Door deze onderlinge verbanden kun je aan het eind van de oefening een soort uitvoerbare 'plattegrond' hebben om je carrière te kiezen. Je zou een visie moeten hebben voor je nabije toekomst en een voor de langere termijn. En vergeet niet, het zijn je eigen woorden en gedachten, niet de adviezen van iemand anders.

Tabel 1.1   Jouw persoonlijke werkplan

Obsessie	Doceren			Uitoefenen			Studeren		
	Het beste van...	Triggers	Oplossingen	Het beste van...	Triggers	Oplossingen	Wat heb ik?	Wat heb ik nodig?	Waar / Hoe?

Traject / Realisatie

Sollicitatietips voor mensen met Asperger

1. Trek kleding aan die passend is voor de baan die je wilt. Er zijn grote verschillen tussen een winkel, fabriek, kantoor, lunchroom of werk dat in de buitenlucht wordt gedaan. Raadpleeg tijdschriften, televisieprogramma's, loopbaanadviseurs, vrienden, familie of verkopers.

2. Zorg dat je kleren schoon zijn, zonder vlekken of scheuren. Draag ze niet per ongeluk binnenstebuiten! (Dat moest ik even kwijt.)

3. Kapsel, baard en nagels moeten goed verzorgd zijn.

4. Doe niet te veel parfum of aftershave op (waarschijnlijk gebruik je die toch niet) en zorg dat je niet naar zweet ruikt.

5. Als je het moeilijk vindt om oogcontact te maken, oefen dan met iemand die je goed kent. Maak kort oogcontact zonder ineen te krimpen. Overdrijf het niet, ga niet staren. Zorg dat je tijdens het sollicitatiegesprek een kopie van je cv voor je hebt liggen zodat je ook iets anders hebt om naar te kijken behalve naar elkaar. Een portfolio is nog beter, omdat je daar samen naar kunt kijken, gedurende een langere periode.

6. Een cv helpt je ook om, mocht je het even niet meer weten, goed te verwoorden wat je allemaal hebt gedaan.

7. Als je antwoord geeft op vragen en over jezelf praat, moet je nooit langer dan een paar minuten aan het woord zijn. Gesprekken moeten over en weer gaan, net zoals een potje tennis.

8. Als iemand je naar je interesses vraagt, let dan op dat je niet te veel of te lang praat. (Niet iedereen is geïnteresseerd in je obsessie voor animisme.)

9. Voel je niet schuldig of huichelachtig wanneer je tijdens het gesprek niet vertelt dat je Asperger hebt. Iedereen heeft wel een gezondheidsprobleem (je baas vast ook), daar hoef je echt niet meteen over te beginnen wanneer je een goede eerste indruk wilt maken.

10. Zeg geen nare dingen over vroegere bazen, collega's of bedrijven en ga niet vertellen dat je destijds slecht behandeld bent. Het is ongemakke-

lijk voor de werkgever en jij komt dan over als een zeurkous in plaats van als iemand die ze willen aannemen.

11. Blijf positief. Daar moet je bewust je best voor doen.

12. Zit rechtop in je stoel, met je schouders ontspannen omlaag. Dingen die eerder al genoemd zijn, zoals yoga, vechtkunst, sport, dansen, enzovoort, helpen om je meer bewust te worden van je lichaamstaal.

13. Als je tijdens het interview al voelt dat je de baan niet wilt, moet je hem niet aannemen alleen maar om te bewijzen dat je het kunt. Dat is voor iedereen zonde van de tijd. Wees trouw aan wie je bent en waar je voor wilt staan.

14. Geef het niet op wanneer je bij je eerste gesprek niet wordt aangenomen. Het was waarschijnlijk toch niets voor je. Blijf het proberen tot je krijgt wat je nodig hebt!

Aantekeningen

Schrijf hier je eigen tips, reminders en ideeën op.

_____

_____

_____

_____

_____

_____

_____

_____

_____

_____

_____

_____

_____

_____

_____

_____

_____

_____

Literatuur

American Psychiatric Association (2000). *Diagnostic and Statistical Manual of Mental Disorders DSM-IV-TR Fourth Edition, Text Revision*. Washington, DC: American Psychiatric Association.

Campbell-McBride, N. (2004). *Gut and Psychology Syndrome: Natural Treatment for Autism, ADD/ADHD, Dyslexia, Dyspraxia, Depression, Schizophrenia*. Cambridge: Medinform Publishing.

Carter, P., Russell, K. (2001). *Psychometric Testing. 1000 ways to Assess Your Personality, Creativity and Lateral Thinking*. Chichester: J. Wiley and Sons.

Caruso St. John Architects. *Origins of the Office: History of the Office*. Opgehaald op 2 februari 2009 van www.carusostjohn.com/artscouncil/history/taylorist/index.html.

CDC (Center for Disease Control). *Autism: Frequently Asked Questions, para.5, What do the ADDM network results tell us about the prevalence of ASD in the United States?* Opgehaald op 18 februari 2009 van www.cdc.gov/ncbddd/autism/faq_prevalence.htm#whatisprevalence.

De Vries, J. (2007). *Perfectionism in Asperger's*. Opgehaald op 15 februari 2009 van www.Asperger-advice.com/Asperger-perfectionism.html.

Edwards, L., Torcellini, P. (2002). *A Literature Review of the Effects of Natural Light on Building Occupants*. Colorado: U.S. Department of Energy.

Employment Act 2002. Opgehaald op 26 februari 2009 van www.opsi.gov.uk/about/copyright-notice.htm Crown copyright 2002-2008.

Factor, P. (2006). *Two Stops Short of Dagenham*. Opgehaald op 2 februari 2009 van www.simple-talk.com/opinion/opinion-pieces/two-stopsshort-of-dagenham.

Farrell, E. (2004). Asperger's Confounds Colleges: A surge of students diagnosed with an autism-related disorder poses new challenges. *The Chronicle of Higher Education, 51,* 7, A35.

Fawcett, T. (2004). *Working From Home Trend Gathers Pace.* Opgehaald op 26 februari 2009 van http://news.bbc.co.uk/1/hi/business/3645475.stm BBC News.

Fitzgerald, M. (2005). "Asperger's Syndrome and Adult Outcomes. "Asperger's Syndrome Conference (Autism Cymru). Millennium Stadium, Cardiff.

Gates, D. (2006). *The Body Ecology Diet 10th.* Georgia: Body Ecology.

Grandin, T. (1995, 2006). *Thinking in Pictures.* New York: Vintage.

Hayashi, M., Kato, M., Igarashi, K., Kashima, H. (2008). "Superior fluid intelligence in children with Asperger's disorder." *Brain and Cognition, 66,* 3, 306-310.

Hendrickx, S. (2009). *Asperger Syndrome and Employment: What People with Asperger Syndrome Really Really Want.* London: Jessica Kingsley Publishers.

Hesman Saey, T. (2008). "Asperger's Syndrome May Not Lead to Lack of Empathy". Opgehaald op 9 maart 2009 van www.sciencenews.org/view/generic/id/31400/title/Asperger%E2%8 0%99s_syndrome_may_not_lead_to_lack_of_empathy_.

Human Resource Village. *The Work Environment and Employee Productivity.* Opgehaald op 27 maart 2009 van www.hrvillage.com/humanresources/employee-productivity.htm.

Keashly, L. & Jagatic, K. (2003). *Bullying and Emotional Abuse in the Workplace.* Stale, Einarsen et al. London: Taylor and Francis.

Kelly, E. & Kalev, A. (2006). "Managing flexible work arrangements in US organizations: formalized discretion or 'a right to ask." *Socio-Economic Review 4,* 3, 379-416.

Mahari, A. (2009). *You Don't Seem Like You Have Asperger's.* Opgehaald op 15 januari 2009 van http://Aspergeradults.ca.

Medical Research Council. (2007). *Tuning Out: Researchers Make Sense of Background Noise.* London: Medical Research Council.

Müller, E., Schuler, A., Burton, B. & Yates G. *Vocational Supports For Individuals With Asperger Syndrome.* Opgehaald op 1 april 2009 van www.autistics.org/JVRpaper.htm.

Myles, B., Trautman, M. & Schelvan, R. (2004). *The Hidden Curriculum.* Kansas: Autism Asperger Publishing Company.

Namie, G., Namie, R. (2003). *The Bully at Work, Rev Ed.* Washington: The Bullying Institute.

National Autistic Society, The. (2005). *Employing People with Asperger Syndrome: A Practical Guide.* London: The National Autistic Society.

National Autistic Society, The (2009). *High-Functioning Autism and Asperger Syndrome: What's the Difference?* London: The National Autistic Society. Opgehaald op 11 februari 2009 van www.nas.org.uk/nas/jsp/polopoly. jsp?d=1049&a=3337.

Nelson, D. (2009). "Director's Commentary: Control." *TCS Newsletter* Georgia: The Community School.

Nichols, B. *What is Asperger's?* Opgehaald op 1 maart 2009 van http://Asperger'stucson.org/what_is_Asperger's.

Oldham, G., Brass, D. (1979). "Employee Reactions to an Open-Plan Office: A Naturally Occurring Quasi-Experiment." *Administrative Science Quarterly, 24, 2, 267-284.*

Oommen, V., Knowles, M., Zhao, I. (2008). Should Health Service Managers Embrace Open Plan Work Environments? A Review *Asia Pacific Journal of Health Management 3, 2, 37.*

Pounds, J. (2008). *Positive Reinforcement – It's a Relationship.* Opgehaald op 27 maart 2009 van http://the-positive-manager.blogspot.com/2008/02/leading-withreinforcing-relationships.html.

Rowe, J. *Psychometric Tests.* Opgehaald op 27 maart 2009 van www.prime-careers.co.uk/prca/PCContent.nsf/idflat/5NLJE2MHER!opendocument.

Schwarz, J. (2002). "New book is road map to help parents 'find' their child who has Asperger syndrome or highfunctioning autism" University of Washington News. Opgehaald op 15 februari 2009 van http://uwnews. org/article.asp?articleID=2430.

Shore, S. *Survival in the Workplace.* Opgehaald op 19 oktober 2008 van http://www.udel.edu/bkirby/Asperger/survival_shore.html#Survival.

Simone, R. (2009). *22 Things a Woman Must Know If She Loves a Man with Asperger's Syndrome.* London: Jessica Kingsley Publishers.

United States Environmental Protection Agency (1991). *Indoor Air Facts No. 4 (revised) Sick Building Syndrome.* Washington DC: EPA.

Wikipedia. (2008). *Alexythimia.* Opgehaald op 3 maart 2009 van http://en.wikipedia.org/wiki/Alexithymia.

Wikipedia. (2008). *Fluid and crystallized intelligence.* Opgehaald op 3 maart 2009 van http://en.wikipedia.org/wiki/Fluid_and_crystallized_intelligence.

WBI - Zogby International. (2007). "As Labor Day Nears, Workplace Bullying Institute Survey Finds Half of Working Americans Affected by Workplace Bullying." New York: Zogby International. Opgehaald op 1 maart 2009 van www.zogby.com/news/readnews.cfm?ID=1353.

Yamada, D. (2007). *Potential Legal protections and Liabilities for Workplace Bullying.* Massachusetts: New Workplace Institute.

Young, R. (1999). "A sound business plan (Designing better acoustics for today's open offices)." *Building Design & Construction, 40,* 6, 84.

Bronnen

Websites

www.autismhangout.com
Nieuws, video's, *webinars* en programma's over autisme en het syndroom van Asperger. Een geweldige bron van informatie, met passie beheerd door Craig Evans.

www.help4Aspergers.com
Rudy Simone's officiële website.

www.templegrandin.com
De website van een echte pionier, wetenschapper en auteur. Je moet een van haar boeken lezen en haar zien spreken als je echt de wonderlijke wereld van Asperger en autisme wilt begrijpen.

www.workplacebullying.org
The Bullying Institute. De website van Gary and Ruth Namie: "Because Work Shouldn't Hurt."

www.autisme.nl
De website van de Nederlandse Vereniging voor Autisme, die als doel heeft de maatschappelijke positie van kinderen en volwassenen met autisme te versterken.

www.balansdigitaal.nl
De website van de landelijke oudervereniging Balans, die zich inzet voor een verbetering van het leer- en leefklimaat van kinderen met ontwikkelingsstoornissen bij leren en/of gedrag.

Boeken

Myles, B., Trautman, M., & Schelvan, R. (2004). *The Hidden Curriculum*. Kansas: Autism Asperger Publishing Company.

Hendrickx, S. (2009). *Asperger Syndrome and Employment: What People with Asperger Syndrome Really Really Want*. London: Jessica Kingsley Publishers.

Meyer R. (2001). *Asperger Syndrome Employment Workbook*. London: Jessica Kingsley Publishers.

Lord, S. (2009). *Autisme kookboek. Gluten- en caseïnevrij koken voor kinderen*. Amsterdam: Hogrefe Uitgevers.

Films

As Good As it Gets
Jack Nicholson's obsessief-compulsieve karakter heeft veel klassieke Asperger-trekken. De hele film draait om het loslaten van controle en het toelaten van het onverwachte, vooral in de vorm van mensen en relaties.

Mozart and the Whale
Gebaseerd op het boek van J. Newport, M. Newport en J. Dodd. Het boek en de film vertellen het waargebeurde verhaal van de relatie tussen twee mensen met het syndroom van Asperger.

Adam
Het verhaal van een man met het syndroom van Asperger en zijn uitdagingen en triomfen in zijn werk en relatie.